お菓子の図書館

ドーナツの歴史物語

Doughnut: A Global History

Heather Delancey Hunwick
ヘザー・デランシー・ハンウィック❖著
伊藤綺❖訳

原書房

目　次

第5章　文化としてのドーナツ　133

〔……〕は著者による注記、［……］は翻訳者による注記である。

第1章◉ドーナツとは何か

　ドーナツはまちがいなく、パンケーキやアイスクリーム、パイ、ケーキとならぶ象徴的な食べものであり、これらと同様に今日世界中で食べられているだけでなく、長く非常に豊かな歴史をもっている。このもっとも愛されているストリートフード［屋台の食べもの］、ドライブインの食べもの、祝祭日の食べもの、家庭料理、コンフォートフード［手軽に用意できて幸福感を与える食べもの］は、車のバンパーに貼ったステッカーからお祭りの屋台、宗教的祝典からさまざまなお祝いの席にいたるまで、世界中のいたるところで強力な社会的・文化的メッセージを発信している。くわえてこの質素で控えめなドーナツに対し、世界中で驚くほどさまざまな解釈や意味づけがなされ、さらには敵意さえも向けられていることがわかっている。

　ドーナツの歴史を洋の東西を問わずすべての時代を通じてつまびらかにしていくと、食物、グローバリゼーション、文化というものに対する私たちの複雑であいまいな感情について、よりはっきりと考えさせられることになるだろう。本書ではドーナツの歴史を、ドーナツがもたらしている精神的葛藤やそのほかの葛藤をふくめ深く掘り下げていくが、そのいっぽうで、「食の喜び」にすばらしい貢献をしているこの食べものを堂々と手放しで賞賛しようと思う。

アメリカのテレビアニメシリーズ『ザ・シンプソンズ』のあるエピソードに、暴走機関車がドーナツの巨大な山に突っこんで、事なきを得るというのがある。主人公のホーマー・シンプソンがいうように、「ドーナツに不可能はない」のだ。ここでまず、アメリカが現在、ドーナツの世界的メッカであることを認めないわけにはいかないだろう。ドーナツはアメリカ文化の中心に深く根を下ろしている(ただし現在、その北の隣国カナダも同じくらいドーナツに対し熱い思いを抱いていることがわかっている)。

しかしこのおいしい食べものにかんする厖大な文献があることをふくめ、北アメリカが群を抜いていることは認めるが、本書はもっと世界全体に目を向けようと思う。というのも、ドーナツにはじつは古く多様な起源があるからだ。こうした起源を探究していくと、もっと広い、驚くほど多彩なドーナツの世界が見えてくる。しかもそれは、北アメリカのドーナツの歴史を豊かにしているものでもあるのだ。

●ドーナツとは何か

ごくふつうの通りすがりの人に「ドーナツとは何ですか?」とたずねたら、おそらく20世紀に大量生産され売られている製品——甘いリング形または円盤形のペストリー［小麦粉を練ってつくる菓子の総称］——について説明するだろう。ひょっとしたら、クリスピー・クリーム・ドーナツのロゴについて語る人もいるかもしれない。

たしかにクリスピー・クリーム・ドーナツは世界でもっとも知られているドーナツチェーンのひとつだし、会話がさらに続けば、ホーマー・シンプソンが引き合いに出される可能性もある。しかしそれでは、世界のいたるところで見られる、地元では「ドーナツ」と呼ばれるおびただしい数のフライドドウ［固めの生地（ドウ）を油で揚げた食べもの］を物の数に入れていないことになる。ドーナツとは何かを定義するのは少しも簡単ではないし、無数にあるフライドドウの仲間の中から、どれがドーナツかを見分けるのは至難の業だ。

そもそも、生地をボール状にしてたっぷりの油で揚げたものはほぼすべての文化に見られる。ほとんどの食べものがそうであるように、時間の経過とともにドーナツとは何か、あるいは何でないか、また何をもっておいしいドーナツというのか、といったことについての概念は変化する。ドーナツという言葉自体が非常に幅広く気軽に使われているので、定義しようとすれば激しい論争は避けられないだろう。だから、多くの人はあえてそうしないだけなのだ。

アメリカの作家ジョン・T・エッジは著書『ドーナツ——アメリカの情熱 *Donuts: An American Passion*』（２００６年）の中で、ドーナツの定義をめぐる言葉遊びに四苦八苦することはせず、こういっている。「すべてのドーナツ（donut）はフライドドウだが、すべてのフライドドウがドーナ

空きビルのネオンサイン。カリフォルニア州オークランド。

ツとは限らない」

すでに、綴りのあいまいさにもお気づきだろう――ドーナツははたして「donut」なのか、それとも「doughnut」なのか？　知られている限り「donut」という言葉が印刷物に登場した最初の例は、１９００年に出版された児童書『ペックのいたずらっ子とそのパパ *Peck's Bad Boy and his Pa*』で、その中にこんなくだりがある。「パパはコーヒー１杯とドーナツ（donut）１個だけをいただきました」

当時の料理書には「doughnut」が使われており、１９２０年代まで使われつづけていたようだが、その頃、ニューヨークに本社をおくディスプレードーナツマシン社の経営者アドルフ・レヴィットが、自社の自動ドーナツ製造機を外国のバイヤーに売りこむ際、「donut」と縮めたほうが発音しやすいだろうと考えた。レヴィットはおそらく、看板に書かれた「ドーナツ売ってます（D'nuts for sale）」のような短縮した綴りや、多くのユダヤ人の顧客から着想を得たのだろう。というのも、ユダヤ人がもちいるイディッシュ語の「donat」はフィリング（詰めもの）が入っていないドーナツを指すが、それこそレヴィットの製造機がつくるドーナツだったからだ。アメリカでは１９３０年代末までにこのふたつの綴りが定着していたが、しだいに「donut」のほうが多く使われるようになっていった。

とはいえオックスフォード英語辞典（ＯＥＤ）によると、「doughnut」はまだ国際的にも、またあらゆる地域の伝統主義者にも好まれているということなので、本書では直接の引用の場合を除き、この綴りを使用している。

◉ドーナツの定義

では、やっかいな定義の問題に取り組もう。アラン・デヴィッドソンの『オックスフォード食物事典 *Oxford Companion to Food*』では、ドーナツの定義はこうはじまっている。「やわらかい生地《ドウ》をボール状かリング形にして、たっぷりの油で揚げたもの」。この高い評価を受けている参考文献は要するに、ある食べものをドーナツとみなすには、３つの基本的な特徴を備えていなければならないと主張しているのだ。それは、第１にたっぷりの油で揚げていること、第２にボール状かリング形をしていること、そして第３にやわらかい生地《ドウ》でつくられていることである。これは十分に明快な定義のように思えるが、この基準を世界という広い文脈に当てはめてみると、とたんに問題が生じる。形容詞やほかのキーワードがあまり正確とはいえないからだ。

ほぼまちがいなく、もっとも論じやすい特徴は「たっぷりの油で揚げる」だろう。OEDには古めかしく「ラード（豚脂）で揚げるかゆでる」と書かれているが、「たっぷりの油で揚げる」という表現にしても、揚げ油の選択肢についても十分に説明されていない。ほかの文献の定義でもただ「揚げる」としているだけで、ずっと少ない油脂を使って、まったく異なる仕上がりになる「揚げ焼き」と区別がつきにくい。

たっぷりの油で揚げるには、食品が完全に浸る量の油が十分に入る容器や鍋が必要になる。ドーナツなら、昔の料理書によく書いてあったように文字どおりドーナツが「泳ぐくらい」にするには、少なくとも油が深さ5センチなければならない。たっぷりの油で揚げる料理法は、金属製の容器が登場するまでは利用できなかった。古くからある青銅製の調理器具に、やがて鋳鉄製のものが加わり、最近になってアルミやステンレス製のものも出てきた。今日どれかを選ぶなら、適当な厚底の鍋か、電気式のディープフライヤー（揚げ鍋）だろう。

たっぷりの油で揚げる料理法は、熱が「煮えたぎった」油から食品に急速に伝わり、たちまち表面を固めて焼き色をつけるので油が入りこまず、すみやかに蒸気を閉じこめるため、それだけ調理作業が効率的に行なえる。この料理法は、ほかのどの料理法よりもすばやく食品を調理でき、そのあいだずっと食欲をそそるいい匂いがあたりに漂う。このふたつこそまさに、ドーナツが世界中で大人気のストリートフードでありつづけている理由なのだ。

ドーナツを揚げる際の油の温度は、一般に１８０〜１９０℃が適温とされている。これ以上高温になると、外側が焦げて中が生焼けになり、またこれより温度が低いと、表面が十分に固まらず、油を吸収しすぎてしまう。

これまで多くの油脂が世界中で使われてきた。20世紀以前の西洋諸国では、揚げ油にはラードが、タロー［獣脂。牛脂または羊脂のこと］や澄ましバター［バターを溶かして得られる上澄み］、一部の植物油よりも好まれた。ラードは広く手に入るうえ比較的安価で、料理においしそうな焼き色と食感を与え、匂いにくせもない。しかし最大のメリットは、日持ちがすることだ。飽和脂肪酸が大部分を占めるため、ラードはほかの獣脂や澄ましバターのように常温では固体で、この点が植物油より明らかにすぐれている。保存がきき、酸敗《さんぱい》［油脂が酸化し、不快な匂いを生じるとともに、すっぱくなること］しにくく、くりかえし利用することができる。

冷えるとまた固まるので、ラードで揚げたドーナツは口当たりがよく、あまり脂っこく感じない。この冷やすと固体にもどるという性質が、生地自体に脂肪を加えるよう指示しているドーナツのレシピのどれもが、固形脂（ふつうはバター）を勧める理由なのだ。冷えても液体のままの油では、油が染みでてくるだろう。１９００年代初頭、固形の植物性ショートニングが広く使用されるようになると、ラードよりすぐれているとはいえないものの、同等の代替品としてすぐに受け入れられ、まもなく揚げ油として好まれるようになった。だが最近になって健康上の理由から、ほかの特

「ミニドーナツ」形のケーキをつくる、典型的な家庭用ドーナツメーカー。

定の油脂が支持されるようになっている。

もっとも初期の精製されていない油脂は煙点《えんてん》［油脂を熱して煙が出はじめる温度］が低く、これは当時利用できた濾過《ろか》技術があまり高度でなかったことを示している。現代の精製された揚げ油は、煙点がドーナツを調理するのに適した温度をはるかに上まわっている。現代の料理人はそこそこの精製植物油を幅広く選べるが、製造メーカーは規制機関の制限や、消費者の健康関連の関心事に必要条件を合わせなければならないので、選択肢がもっと限られてくる（あとでくわしくみていく）。

ならば、たっぷりの油で揚げることが、ドーナツをつくるのに唯一適した料理法なのだろうか？新しい調理器具のひとつ、カムブルック社のリトルシェフ・ドーナツメーカーは、卓上型のサンドイッチメーカーによく似たもので、小さな「ドーナツ」が一度に数個つくれる。人気の理由のひとつは、とくに子供がキッチンをちょろちょろしていても安全に調理できることだ。

しかし付属のレシピ集をのぞいてみると、いきなりバッター［小麦粉、牛乳、卵などを混ぜた水分の多いゆるい生地］を、熱した型にスプーンで、あるいは直接注いで入れると書いてある。たしかに形はおなじみのドーナツのものだし、材料も似ているが、できあがった代物はドーナツというよりワッフル［小麦粉・牛乳・卵・砂糖などを混ぜあわせ、格子状の凹凸がついたワッフル型で焼いた菓子］に近い。ノンスティック加工のドーナツメーカーであれ、「ドーナツパン」［ドーナツの焼き型］であれ、オーブンの焼き皿であれ、それで焼いてできあがるのはドーナツの形をしたケーキで、真のドーナツではない。たっぷりの油で揚げることがフライドポテトにとって欠かせないのと同じくらい、ドーナツにも欠かせないのだ。

では、3つ目の特徴「やわらかい生地《ドウ》」について検討してみよう。これは小麦粉または粗びき粉と液体を、打ちのばすことのできるやわらかさの生地になるような割合で混ぜたものだ。「ドウ(dough)」という言葉は「形づくる(form)」という語根《ごこん》から派生している。

ここで多少くわしく述べる必要があるだろう。というのも、「やわらかい生地《ドウ》」は水分含量しだいでやわらかさに幅が出てくるわけで、これはつまるところ、ドーナツをつくりあげている生地にとってきわめて重要だからだ。幅の一方の端は「とてもやわらかいべたべたした生地《ドウ》」で、わかりやすく説明すれば、めん棒でのばすことはできないが、ギリシアのルクマーデスやイタリアのフリートレのようにスプーンをふたつ使ってボール状に成形したり、ペルーのピカロネスのように手でリング状に成形したりするのが可能な生地といったらいいだろう。もう少し水分を少なくすると、まだかなりやわらかいものの、手のひらで軽くたたいてのばし、型抜きすることができる。

そうなるとドーナツ生地の定義が、「とてもやわらかい」から「やわらかい」まで範囲が広がってしまうことになるかもしれない。しかしここでドーナツ製造業者はうまく折り合いをつけている。とくにケーキドーナツ［ベーキングパウダーや重曹《じゅうそう》でふくらませたドーナツ］をつくる際に特殊な成形機を使うのは、小麦粉をふった作業台で軽くたたいたりのばしたりすることで、生地に小麦粉をさらにとりこんで粘度を高くし、生地を扱いやすくするためなのだ。

水分を減らして生地を固めにすると、どのような薄さにも広げたりのばしたりできるようになり、揚げ菓子の世界がさらにいっそう広がる。ほぼすべての文化に少なくともひとつは、生地《ドウ》を薄くのばして揚げたごちそうがある。世界各地のそうした揚げ菓子は、地元のドーナツと同じくらい人気がある。たとえばハンガリーのラーンゴシュは、ニンニク、サワークリーム、チーズをたっぷりのせた甘くないもののほか、粉砂糖をまぶした甘いものもあり、やはりハンガリーで人気の高い謝肉祭に食べられるドーナツ、ファンクと肩を並べている。

ほかにも、ポーランドのフルシキや、ロシアのホヴォロスト、メキシコのブニュエロ、カナダのビーバーテイルなどがある。アメリカではネイティヴアメリカンのフライブレッドが、一部の地域でドーナツとほぼ同じくらい広く普及している。そしてもちろん、これをフラットブレッド［しばしば酵母を使わないで焼く平たい円形のパン］と混同してはならない。フラットブレッドは揚げるのではなく焼いたものなので、真のパンの仲間だ。

どのような形をしていようと――また甘いにせよ甘くないにせよ、あるいはイースト（酵母）で醱酵させていようといまいと――薄くのばした固めの生地《ドウ》は、たとえ油で揚げていたとしても、ドーナツとはいえない。高温の油ですばやく調理するため、全体的にドーナツよりもパリパリ、サクサクした食感になるからだ。

人気のあるほかのフライドドウには、パスタの仲間に入るものもある。クローディア・ローデンは著書『ユダヤ料理の本 *The Book of Jewish Food*』（１９９６年）の中で、油で揚げ、仕上げに粉砂糖やシロップをかけるさまざまな種類のパスタ生地について書いており、そうした菓子としてファズエロス、フィゲオラス、マフィス、グルジアのブールブセラ、イタリアのオレッキディアモンなどを紹介している。エッジは「すべてのフライドドウがドーナツとは限らない」と主張してうまく切り抜けている。

●ドーナツではないもの

ドーナツを定義・分類しようとすると、バッターでつくる数多くの食べものとも一悶着起きることは避けられない。水っぽいバッターを、熱したフライパンやグリドル［円形の鉄板］の上に流せば、パンケーキやクレープになる。同じバッターを耐熱皿に流し入れれば、クラフティ［果物をしきつめた上にクレープ生地をかけて焼いた菓子］のようなデザートや、甘くないトッドインザホール［ソー

バッターでつくった典型的なファネルケーキ

セージにバッターをかけて焼いた料理］がつくれる。

いっぽう固めのバッターからは、ケーキ、コーンブレッド、クイックブレッド［ベーキングパウダーなどを加えて短時間でつくるパン］、マフィン［小麦粉・トウモロコシ粉でつくるイーストを使わない小型のパン］ができる。だが少量の油で揚げたり（または揚げ焼きしたり）もしくは焼いたりしているのであれば、バッターでつくった食べものはドーナツとはいえない。

だが古代からバッターも油で揚げていたことがわかっているなら、真のドーナツの定義づけはジレンマにおちいることになる。水っぽくゆるいバッターを熱した油の中にぽたぽた落とし（たらし）て揚げれば、インドのジャレビのような成形しない人気のストリートフードになる。シロップに浸して甘くすることが多いこれに似た菓子は、近東、中東、北アフリカの全域で見られ、ザレビ、ザングーラ、ズラビアなどさまざまな名前で呼ばれており、そのどれもが古い歴史をもつ。
アメリカのペンシルベニアダッチ［17〜18世紀にペンシルベニア州に移住したドイツ人の子孫］に愛されているファネルケーキも同種の菓子で、その名のとおり、バッターを高温の油の中にじょうご（ファネル）で流し入れてつくる。しかし人気のある料理本のなかにはファネルケーキをドーナツと同じ項に分類しているものもあるが、ファネルケーキは成形せず流し入れるので、この点でドーナツとはいえない。

これとはほぼ正反対の固めのバッターは、フリッターと呼ばれる揚げものに絶対に欠かせない。フリッター（fritter）という言葉の起源は古く、フリッター自体はもちろん、現代の揚げ菓子やドーナツという言葉の祖先にあたる。『オックスフォード食物事典』では、現代におけるフリッターの意味をこう定義している。「少量のバッターを油で揚げた食べものを指す英単語」で、「必ずではないが、たいてい中に果物がひと切れ入っている」

フリッター生地は、固めでもゆるめでも、主要な材料は基本的にドーナツと同じものを使用する。小麦粉もしくは粗びき粉になんらかの液体を混ぜ、さらに卵を加えてこくを出すことが多い。ドーナツのように、フリッターにもたいていベーキングパウダーなどの膨張剤を加えるが、とくに角《つの》が立つまで泡立てた卵白がフリッターにはもちいられる。イギリスの食物史家ローラ・メイスンはこういっている。「ドーナツとフリッターの境界ははっきりしないことが多いので、係争地域に迷いこむことなくドーナツを区別するのはむずかしい(1)」

この「係争地域」とは、長年にわたる文化的影響、多種多様な料理、さまざまな地域の料理人や流行などによってつくり出されたものだ。このことは、『スペインとポルトガルの料理 *The Food of Spain and Portugal*』（２００４年）の中で、著者のエリザベス・ルアードがソーニョス・デ・ラランジャを紹介するくだりを読むとよくわかる。ソーニョス・デ・ラランジャは、

カリカリに揚げた小さなフリッターで、クリスマスと謝肉祭に好んで食べられ、料理人の数だけ異なるレシピがある。古い時代のレシピではパン生地でつくられており、これは基本的にドーナツである。現代の別のレシピでは凝ったシュー生地［小麦粉、水、バター、卵のみでつくり、膨張剤を加えない生地］を使って、とても軽い食感の繊細な食べものに仕上げている。

ドーナツを定義しようという試みは、マイケル・クロンドルの歴史的見解に大いに助けられている。クロンドルは著書『甘い発明――デザートの歴史 *Sweet Invention: A History of Dessert*』（２０１１年）で、太古の昔からフリッターには2種類のつくり方があったと主張している。ひとつは小麦粉と湯を混ぜ、それにおそらく卵を加えただけのもの。もうひとつはひと手間かけた、イーストで醗酵させたパン生地を使ったものである。

前者は中世から使われているシュー生地で、これは真のバッターでもなければドウでもなく、その中間にあたるものだ。フランスでは、油で揚げたシュー生地は昔からベニェ（beignet フランス

語でフリッターの意）と呼ばれている。しかしフランスのベニェが旧大陸から新大陸へ伝わった際、シュー生地か簡素なバッターでおそらく果物を包んで揚げていたものが、ブリオッシュ［バターと卵をふんだんに使った口当たりの軽い甘いパン］をつくる生地に似た、やわらかく粘りのあるイースト生地をごく薄くのばして揚げた、現代の形に進化したのだろう。ニューオーリンズで愛され、ルイジアナ州の郷土料理でもあるこのサクサクとした食感のふんわり軽い揚げ菓子は、ドーナツに分類されることが多い。

しかしここで、ベニェのまぎらわしい性質に突き当たることになる。じつのところ、しゃれたシュー生地にしても、薄くのばしたイースト生地にしても、それを揚げてできあがるのは、やわらかなケーキのような、あるいは中がふわふわした、私たちがよく知っている現代のドーナツではなく、パイ菓子なのだ。実際、イタリア北西部リグリア州の同種の菓子ブジエ（bögie ジェノヴァ方言では boxie）は、文字どおり「罪のない嘘」という意味で、膨張剤をいっさいに加えず自力でふくらむ。じつはベニェは「ベニェ」であり、ドーナツとはまったく別個の揚げ菓子のひとつなのだ。

こうした揚げ菓子の仲間には残念ながら、スペイン語圏にとどまらず、いまやストリートフードの次なるトレンドとして世界中で人気のチュロスも加えなければならない。さらにクルーラーがあり、これには異なるふたつの種類がある。ひとつは、れっきとしたドーナツの仲間である、手でねじって成形するケーキドーナツ［アメリカンクルーラー］。もうひとつはシュー生地でつくったもの［フレンチクルーラー］で、これはドーナツには入らない。

チュロスとチョコレートディップ

聖ヨゼフの日（ラ・フェスタ・ディ・サン・ジュゼッペ）はいまも世界中のイタリア人に広く祝われているが、もともとこの日を祝って食べていたゼッポレ（zeppole）になると、話はさらにやっかいになる。ポルトガルとブラジルのソーニョスと同様、ゼッポレにも料理人の数だけ異なるレシピがある。ほとんどの場合、種にはシュー生地をもちい、焼くか揚げるかしたあと、カスタードクリームをつめる。本質的にはドーナツというよりフリッターだが、話はそこで終わらない。近所のある人気のイタリアンレストランについての最近の批評の中で、（アイスクリームを添えた）ゼッポレというデザートを「イタリアのポテトドーナツ」と表現し、絶賛していたのだ。ナポリにはゼッポレ・ディ・パターテと呼ばれる、ジャガイモが入った醱酵生地でつくったものがあり、これはどう見ても今日ドーナツと定義されるものである。

ひと手間かけたパン風のゼッポレは、長い年月をかけて今日のドーナツへと進化したドイツのクラップフェン（krapfen）のような、古くからあるフリッターの仲間といえるだろう。その理由は、ずばり「食感」である。揚げたての熱々のドーナツにかぶりつくと、ちょっとカリッとした歯ごたえがあってから、ふわふわのケーキのような内側に達する。これこそドーナツの神髄であり、本書で賞賛しているドーナツと、ほか多くの似た食べものとを分けるものなのだ。

◉形と膨張剤

ここまで論じてきた特色はたしかに本質的なものではあるが、これだけではドーナツの具体的なイメージはわいてこないので、形についても定義していこう。『オックスフォード食物事典』には「ボール状あるいはリング形」とあるが、もっとおもしろいものでは「扁平球形《へんぺい》」や「環状のリング形」（これは同義語反復《トートロジー》だ）というのもある。

ドーナツの古い歴史と、それが世界中の料理に占める地位を考えれば、形の種類がおなじみのリング形、円盤形、ボール形の３つにとどまらず進化してきたのは当然のことだろう。やわらかい生地《ドウ》はまた、ねじったツイスト形（アメリカンクルーラー）のほか、ロングジョンやバーなどさまざまな名前で呼ばれる長方形をはじめ、独創的な形にすることができる。後者はさらに手を加えてツイスト形にすることもある（イギリスではヤムヤムズとして親しまれている）。さらにもうひとつおもしろい形が、アイスランドのクレイナ（複数形はクレイヌール）だ。このどれもがドーナツ

アイスランドのクレイナ。この伝統的なドーナツは、生地をひし形に切り、中央に切れ目を入れ、そこから一端をくぐらせてつくる。

の仲間で、ほかにも円盤形というよりボール形で、小さな穴が開いているドーナツもある。

リングドーナツの仲間には、スペインのロスキーヤ、フィンランドのドニツィ、ペルーのピカロネス、チュニジアのヨーヨーなどがある。円盤形ドーナツはたいていフィリングが入っており、揚げる前に薄い円盤形の生地のあいだにジャムやフルーツプリザーブ［果物の形を残したまま砂糖で煮詰めたもの］をはさむか、揚げたあとにフィリングを注入する。

フィリングの種類は数限りなくあるが、ジャムやカスタードクリーム、生クリームがもっとも人気が高い。3番目によく見られるボール形には一般にフィリングは入っていないが、たいていはスプーンですくってから油に落として（ドロップして）成形する。ほかにも、ちょっと変わったドーナツがアメリカ全域で見られる。たとえばアッ

左から時計まわりに。チョコレートグレーズド・オールドファッション、アップルフリッター、メープルベーコンバー。

プルフリッターは、香辛料で風味づけしたリンゴの砂糖煮をイースト生地に包んで揚げたもので、ドーナツの穴をあけた際にできる丸い生地を再利用してつくることが多い。またシナモンスワールはシナモンロールのドーナツ版で、クマの爪形のベアクローは、アップルパイのようにつくるか、もしくはほかのフィリングをつめてつくる。これらはみなイースト生地でつくられ、焼くのではなく油で揚げているので、ドーナツなのだ。

定義のうち少なくともひとつは、議論の余地がない。つまり膨張剤はドーナツに不可欠なもので、その種類によってドーナツは、イーストドーナツとケーキドーナツのふたつに大きく分けられる。

イーストでふくらませるイーストドーナツは、ふんわりとしていて、かみごたえもあり、さまざまな形に成形することができる。醗酵状態がよいと揚げ油の表面に浮きあがるため、両面を揚げた際に側面だけ揚げ色がつかず、ぐるりと白い輪ができる。これはおいしいイーストドーナツの証しなので、ハンガリーのイーストドーナツには、ファルシャング・バジィ・ザラゴス・ファンク（「黄金の輪ドーナツ」）と呼ばれているものもある。

かたやケーキドーナツはベーキングパウダーや重曹でふくらませ、一般にどっしりと重たい食感で、表面は少しサクッとしているが、中はケーキに似ている。アメリカ英領植民地時代のケーキドーナツは、「シンカー（沈むもの）」とか「ダンカー（水に浸かるもの）」［どちらも重たい（腹にこたえる）食べものという意味］というあだ名をつけられ、この言葉は1888年の新聞記事でこう単純明快に説明されている。

> あるいは、コーヒー1杯といくらかのケーキを10セントで食べることができる。レストランのおどけた常連客はこのケーキのことを「シンカー（沈むもの）」と呼んでいる。それは、海に投げこんでも浮かばないからだ。(2)

ケーキドーナツには、さらに「オールドファッション［「昔ながらの」という意味］」というドーナツもある。ごつごつした外観は、冷たく固い生地を低めの温度（約165℃）の油で裏面からじっくり揚げることによってつくられる。冷たく固い生地は最初、油の中に沈んだあと、ゆっくりと浮かびあがってくる。それをひっくり返すと、少しだけ揚がって硬くなった表面からベーキングパウダーが発生するガスが飛びだしてひび割れや隆起ができ、多くの人々に好まれるザクザクした食感のドーナツになるのだ。

●甘さと材料

あと2、3の特徴でいよいよドーナツを定義できるところまできた。そのひとつは甘さである。調理の前にもあとにも大量の甘味料を加えるドーナツもあるが、そのほかは揚げたあと甘味料に浸すだけだ。最古の甘味料である蜂蜜が、できあがったドーナツを浸したり、その上からかけたりするシロップとして長いあいだ使われており、現在も多くの国々で人気がある。しかしもっとも広く使用されているのは砂糖で――粉砂糖であれふつうの砂糖であれ、また赤砂糖であれ白砂糖であれ、あるいはグレーズ［砂糖シロップなど、菓子や料理に塗るつや出し］やアイシング［糖衣］として味つけに使われるのであれ――、ドーナツにとってなくてはならないもののように思える。

だが甘いドーナツだけがドーナツなのだろうか？　答えはノーである。ほとんどの人にとってドーナツは甘いごちそうだが、ベサン粉（ひよこ豆粉）でつくる南インドのヴァダや、肉をつめたフィンランドの屋台のドーナツ、リハピーラッカのように有名な甘くないドーナツもあるからだ。

材料にかんしては、唯一絶対にはずせないのが粉である。昔もいまも使われる粉はほとんどが小麦粉で、タンパク質の含有量の多い強力粉を使用するレシピもあるが、たいていは中力粉が好まれる。ケーキドーナツはふつう中力粉でつくるが、全粒粉のようなほかの小麦粉をさまざまな割合で混ぜることもある。ドーナツには小麦粉とともに、ゆでてつぶしたカボチャやサツマイモ、ジャガイモ粉のようなほかのでんぷん質の材料を混ぜているものも多くある。たとえば、ニューオーリンズのおいしいカラには米粉が入っている。

このように、ケーキドーナツにしてもイーストドーナツにしても、おいしいドーナツは小麦グルテン［小麦にふくまれるタンパク質のひとつ。生地をつなげる働きをする］をグアーガム［グアー豆の種子から採れる食品添加物のひとつ］やキサンタンガム［微生物醱酵により得られる食品添加物］のような適当なほかの結着剤に置き換えることで、さまざまな粉を使ってつくることができる。小麦粉の代わりに粗びき粉をもちい、通常ベーキングパウダーでふくらませる一部の甘くないドーナツは、食感がケーキドーナツに似ている。

液体の材料については、制限はいっさいない。水と牛乳がもっとも一般的だが、サワーミルク［牛乳を乳酸醱酵させたもの］、バターミルク［牛乳またはクリームからバターをとり去った残りの液体］、さまざまなフルーツジュース、スイートサイダー（アメリカの飲料で、濾過されていないリンゴ果汁のこと）、さらにはデザート用ワインが使われることもある。

風味づけにも制限はなく、バニラなどのポピュラーな香辛料やココアがもちいられる。ほかのほぼどんなものでも、ドーナツの本質を変えることなく入れることができる。昔からよく加えられていたのは干しブドウ、ドライフルーツ、果物の砂糖漬け、ピール［オレンジやレモンの皮の砂糖漬け］、木の実、ジャムなどだが、目新しいところでは、チョコレート、ドゥルセ・デ・レチェ［固体また

おいしそうな定番のドーナツを積み重ねて

は液体キャラメル。南米の伝統的な製菓」、トルコ菓子［砂糖をまぶした求肥《ぎゅうひ》に似たゼリー］なども使われている。

●ドーナツを定義する

これらの要素すべてを考慮に入れると、ここでようやくドーナツとは何かをこのように定義できるだろう。ドーナツとは、卵を加えることもある、やわらかい、もしくはとてもやわらかい生地《ドウ》をたっぷりの油で揚げたもので、必ずというわけではないが、ふつうはリング形や扁平球形に成形され、イーストもしくはほかの膨張剤でふくらませた、外側はわずかに堅くて、内側はしっとりふんわり、ケーキのような食感の揚げ菓子をいう。たいていは揚げる前かあと、もしくはその両方で甘味がつけられ、ジャムやドライフルーツなどを混ぜることもある。ドーナツの世界はじつに広く、長く豊かな歴史をもっている。

ではこれから、ドーナツの発達を先史時代から現代まで時空を超えてたどる魅惑的な旅にみなさんをお連れしよう。

第2章◉

古い時代のドーナツ

◉ドーナツの起源

ドーナツの起源はじつに古く、そのルーツをたどる旅は1万2000年前の新石器革命の時代からはじめなければならない。先史時代の私たちの祖先がドーナツに欠かせないものの一部——栽培した穀物と野生の穀物、およびそのほかの種子からつくった粉、揚げるための油脂、甘味のもととなるもの——を洗練させはじめた頃である。

著書『歴史の中の食物 *Food in History*』（2002年）で歴史家レイ・タナヒルは、この時代からある「画期的な」発達がはじまったと述べている。それは、最初に栽培したイネ科の作物の穂をからからに乾かす（焼く）と、脱穀しやすくなることだ。ここから、殻をとったエンバクに水やほかの液体を加えて生地《ドウ》をつくり、石を熱したグリドルで平たく薄いパンを焼くまではあっという間だっ

オクラホマ州のコロンブス以前の洞窟から発見された、穴のあいたドングリの平焼きパンの化石。直径約13センチ。

た。これは世界中の新石器時代初期の社会でほぼ必然的な発達だったが、こうしてできあがった平焼きパンは、その便利さ、貯蔵可能なこと、また季節のおいしい食べものを楽しませてくれる点で高く評価されただろう。

メソアメリカ［おおむねメキシコからニカラグアにいたる、高度な古代文明を生みだした地域］では、平焼きパンは初期の形態の栽培トウモロコシと木の実からつくられた。1920年代後半、フランスの考古学者エティエンヌ・B・ルノーがオクラホマ州西端の洞窟でドングリの平焼きパンの化石を発見した。ルノーは紀元前1500年のものと特定したが、それよりずっと古い可能性もあった。その平焼きパンは円形で、なんと中央に穴が開いており、当時のマスコミは、アメリカ人の大好きなドーナツがいかに古くからあったかを示す証拠だとしてこれに飛びついた。ルノーの見解は、穴はおそらくネズミなど洞窟に生息する迷惑動物にとられないようにするための手段だろうというものだったが、ほとんど注目を集めなかった。

最初の家畜は肉、皮、羊毛《ようもう》はもちろん、食用油脂の貴重な供給源であり、さらにはごみ処理などほかの役割もはたした。甘味はつねに珍重され、スペインのヴァレンシア近くにある紀元前８０００年頃の洞窟壁画には、ハチの巣から蜂蜜を盗むようすがすでに描かれており、いっぽうほかの祖先たちは、モロコシや特定のヤシのような地元の植物から樹液をしぼりとり、処理する方法を覚えた。サトウキビは紀元前７０００年というかなり前からパプアニューギニアで栽培されていたが、この生い茂った草が西方のインドに伝わるまでに１０００年かかった。

では、冒険好きな先史時代の祖先がどのようにして多くの地域で、自家製の粗びき粉と水などの液体、獣脂、わずかな蜂蜜や甘い樹液を混ぜあわせて、彼らが暮らす不安定な環境にぴったりの貯蔵食料をつくり出したのだろう。また生地《ドウ》は数日放っておくと醱酵するので、それを調理するとおそらく風味が増したと思われる。

●パン——ドーナツの先駆け

文字による最初の記録は先史時代から有史時代への移行を示すが、これにより、ドーナツの先駆けがどのように発達していったかを自信をもってたどることができる。くさび形文字による記録からは、シュメール人が醱酵酒に目がないことがわかり、これはつまり、パンを焼くのに必要とされる以上に酵母と醱酵に慣れ親しんでいたということだ（シュメール人はパンづくりの名人でもあった）。

さらにシュメールの名高い脂尾羊《しびよう》［尾骨の両側に多量の脂肪が蓄積する肉用羊］からは上質の食用油がとれ、この油は現在も多くの国々で非常に珍重されている。さまざまな穀粉［穀物を挽いた粉］、膨張剤、甘味料、獣脂、初期の銅および青銅製調理器具をもちいて、初期の肥沃な三日月地帯［人間がはじめて農耕をしたといわれる中近東のパレスチナ地方からペルシア湾にいたるほぼ三日月形の農耕地帯］の住民がドーナツの原型を味わっているようすが目に浮かぶようだ。

証拠が示すところによれば、最初の真に醗酵させてふくらませたパンは、おそらく紀元前4000年までにエジプトで生まれたと考えられている。このパンは、最初に栽培された、穂を焼かなくてもきれいに脱穀できる小麦の品種から得た小麦粉でつくられた。小麦を焼くとグルテンが変性するので、この革新以前のパンはどれも基本的にはフラットブレッドだった。グルテンの力が損なわれていないこの新しい小麦粉はまた、ドーナツの歴史に加わる資格のある最初の材料でもある。

エジプトの上流階級の人々は大いに食を楽しみ、この新しい小麦粉でつくった生地《ドウ》を異国の油で揚げた食べものは特別なものとされ、材料はおそらく儀式に結びついていたと考えられる。エジプトのファラオ、トトメス3世（在位紀元前1479〜1425年）の治世に高官を務めたレクミラの墓には、「脂の中に入れ、パン菓子を揚げる」という短い説明文のついた壁画があり、これは生地《ドウ》を油で揚げるようすを描写したごく初期の図だ。

旧約聖書は油と小麦粉を結びつけている。レビ記第7章12節では信者にこう求めている。

脂でパン菓子を揚げる。レクミラの墓、紀元前約1504〜1425年。ニーナ・デ・ガリス・デーヴィスによる現代の水彩画のファクシミリ版［写真複製］。

もしこれを感謝のためにささげるならば、油を混ぜた無酵母の輪型のパンと、油を塗った無酵母の薄焼きパン、および上等の小麦粉に油を混ぜて焼いた輪型の菓子を、その感謝のいけにえとともにささげる。(1)

出エジプト記第3章8節では「乳と蜜の流れる土地」について言及している。この、油‐小麦粉‐蜂蜜の三位一体は広範な地域におよんでいた。古代ギリシアの文献には、「蜂蜜ケーキ」の材料のさまざまな組み合わせが記されている。蜂蜜は古代の地中海全域で好まれた甘味料で、現代の基準でいえば、食品にたっぷりと染みこませていた。

◉蜂蜜ケーキ

ギリシアの詩人カリマコス（紀元前250年頃）は「蜂蜜トークン」に触れているが、これはおそらく生地《ドウ》をボール状にして揚げたものに蜂蜜をからめた食べもので、古代オリンピックの勝者に与えられた最古の賞品のひとつだった。またスパルタ人でさえ、胸の悪くなるようなスープを飲むことで知られていたにもかかわらず、女性はときどき、紀元前7世紀のスパルタの詩人アルクマーンが「蜂蜜菓子のかご」と表現したクリゾコーラと呼ばれる菓子を食べていた。レシピは残っていないので、これらの蜂蜜ケーキが醗酵させたものだったのかどうかはわからない。

知られている最初の蜂蜜ケーキ（または蜂蜜を染みこませたケーキ）のレシピは共和制ローマ期に登場し、これはこの時代の政治家マルクス・ポルキウス・カトー・ケンソリウス（大カトー）その人によって書かれた。大カトーが紀元前2世紀に著した『農業論』は自身の農園の運営方法にかんする手引書だが、この有名なおせっかい好きは、自分の農園の労働者にも治療薬や保存食品、祝祭のごちそうのつくり方を指南してやったほうがいいと思っていたのかもしれない。

この本にはペストリーのレシピが10種類載っており、そのひとつ、グロービ（ラテン語で「球体」の意）はとりわけ興味深い。

グロービはこのようにつくる――チーズとエンマーコムギ〔一部のレシピでは「スペルトコムギ」〕を混ぜ、いくつでもほしいだけボール状に丸める。熱した青銅製の鍋に脂を入れ、一度に1～2個ずつ、2本の棒でたえず返しながら揚げる。揚がったらとり出し、蜂蜜をからめ、ケシの実をまぶして供する。

これを「ローマ風ドーナツ」と書いている文献もあるが、醗酵させていたか、あるいは酵母を加えていたかについては触れていない。多忙なカトーがおそらく、当時のプロの料理人なら当然わかっているだろうと考え、あえて指示をしなかったのだろうが、私たちにはさっぱり見当もつかない(2)。またドーナツと同じようにつくっているが、レシピを現代的に解釈すれば、できあがるのは揚げたチーズケーキに近い。

グロービのすぐあとに載っているエンキュトゥスのレシピも同じチーズ入りの生地を使うが、カトーはこう続けている。「底に穴のあいた深皿を使い、穴から生地を熱した脂の中に流し入れる。その際、スピーラ〔転がしてひも状にした生地を芸術的に巻いたペストリー〕のようにきれいに成形する」。できあがったもの――揚げすぎないように忠告している――には蜂蜜シロップをからめる。グロービの生地が（ボール状に）成形されていることを考えれば、エンキュトゥスの生地は、皿の穴から脂の中に流し入れるためにはゆるくする必要があったはずだ。となるとこれは、同じようにたっぷりの蜂蜜をかけてはいるが、別の食べものをつくるためにドウをゆるくして、とろとろのバッターにした最初の文書化された例だろう――このテーマにはこれからくりかえし出くわすことになる。

5世紀後、知られている限り最古の料理書『料理について *De re coquinaria*』が登場する。これは西暦1世紀、ローマ皇帝アウグストゥスとティベリウスの治世に生きていたアピキウスといういささか謎めいた人物の著作とされ、現存している版は4世紀後半のものである。いくつかの菓子のレシピからは、蜂蜜への変わらぬ情熱が伝わってくる。

●東洋の揚げ菓子

つづく暗黒時代［西ローマ帝国の滅亡（476年）から1000年頃までのヨーロッパ史における時期］

をへて12世紀まで、ヨーロッパから匹敵する料理書は生まれないが、東洋では、同じように古い社会が発展を遂げていた。

紀元前3世紀の中国の詩集『楚辞《そじ》』に収められた「招魂《しょうこん》」では、「粔籹《きょじょ》［もち米粉と小麦粉、蜂蜜を混ぜて揚げた菓子］と蜜餌《みつじ》［もちに蜂蜜を混ぜたもの］と、乾飴《ほしあめ》がある。とろりと光る白色の飲みものに蜜の酒を混ぜ、鳥の形の大杯に満たす」とほめたたえている。古代からシルクロード（絹の道）を介して交易が行なわれていたが、西洋は中世後期になってはじめてこうした東洋の古代社会にかんする知識を得た。

マルコ・ポーロが中国の杭州《こうしゅう》に滞在していた1275年に書かれた手稿本にはこのようにある。「猫児橋の魏大刀のゆで豚、五間楼前にある周五郎のハチミツ衣揚げがあった」[3]［ポール・フリードマン編『食事の歴史――先史から現代まで』南直人・山辺規子訳、東洋書林］。中国人はとくに甘いもの好きというわけではなかったのに、それでも蜂蜜入り揚げ菓子《フリッター》に好意的に言及しているという事実が、その変わることのない文化を超えた魅力を裏づけている。

◉アラブ人の「甘いもの好き」

それに対してアラブ人は根っからの甘いもの好きだ。ドーナツの歴史に多大な貢献をしてくれているので、この、タナヒルいわく「古典世界後の文化の仲介者」についてちょっと触れておく必要があるだろう。初期のカリフ（ムハンマドの後継者）――西暦632年のムハンマドの死からわずか75年で、中央アジア、北アフリカ、スペイン、シチリアにまたがる世界最大の帝国のひとつを築きあげた——は、どちらかといえば禁欲主義者だったが、その後継者たちは征服した国々の料理、とりわけササン朝ペルシアのぜいたくな宮廷料理を、その豊富なデザートとともにすぐにとり入れた。

アラブの甘い食べものの多くが古代ペルシアに起源があることは、その名前の語尾が「-ak」〔中期ペルシア語〕「-aj」〔-ak のアラビア語表記〕「k'ak」〔カァク。ペルシア語で「ケーキ」の意〕などであることからわかる。(4) イスラム王朝のアッバース朝(750〜1258年)の首都バグダードでは、洗練された裕福な上流階級が料理において一歩先を行っていた。

重要なことに、アラブ人はレシピをまとめて料理書の写本にしたり、医学書に栄養指導の目的でより正確なレシピを巻末につけたりしていた。最古とされている『料理の書 *Kitab al-Tabikh*』の写本は、アッバース朝黄金期(10世紀)のもので、宮廷書記イブン・サッヤール・アル=ワッラクによって編纂《へんさん》された。以後も写本はつくられつづけ、そのなかでおそらく今日もっともよく知られているのが、1226年頃にイブン・アル=カリム・アル=ハティーブ・アル=バグダーディによって書かれた英訳名『バグダードの料理本 *The Baghdad Cookery Book*』だろう。

こうした初期の写本に表現されているアッバース朝の人々の、シロップをたっぷり染みこませたフリッターへの情熱は、古典的名作『アラビアン・ナイト』をはじめとする当時の詩歌や文学にもはっきりと現れている。『アラビアン・ナイト』の一話『ジュダルとその兄』でジュダルが母親に、ぜいたくな食べものの中でもとくに「蜂蜜の中で泳いでいるクナーファ［小麦粉でできた細麵状の生地を焼き、シロップをかけた菓子］、揚げもの、バクラーワ［小麦粉でつくった薄い生地にナッツを包んで揚げた菓子］」は好きかとたずねる。

著書『中世アラブの料理 *Medieval Arab Cookery*』で、作家で食物史家のチャールズ・ペリーは、この話に登場する「揚げもの《フリッター》」はふたつの異なる食べものを指していると主張する。ひとつはカタイフ［バターで揚げたドーナツ。蜂蜜をつけて食べる］で、これは最初パンケーキだったものがのちに揚げるようになったもの。もうひとつはズラビアで、『アラビアン・ナイト』やほかの同時代の写本ではムシャバク（格子細工）と呼ばれることもある。13世紀のあるレシピ（『日常の食事についての書 *Kitab Wasf*』に収録）にはこうある。

先ほどの生地《バッター》をいくらか、底に穴をあけたココナツに入れる。生地を入れる際は、指で穴をふさぐ。ゴマ油を大鍋に入れ、煮たったら指を穴からはずし、弧を描くように手を動かす。こうすると輪が格子状にいくつもできる。揚がったらとり出し、シロップに浸すと、おいしい菓子ができあがる。

1400年前のカトーのエンキュトゥスのレシピに明らかに似ているが、つくり方は変わらないものの、材料が異なっている。13世紀のこのズラビア（ムシャバク）のレシピの生地にはもうチーズが加えられていないが、まちがいなく醱酵させている。というのも、小麦粉と水を「牛乳のように」なるまで混ぜあわせ、「すっぱくなるまで放置する」と書かれているからだ。

初期のアラビア語の文書を翻訳したものは「パン種を入れる」「醱酵させる」「すっぱくする」「ふくらませる」「酵母（イースト）を入れる」などさまざまな表現を使っているが、アラブ人にとってパン種とは、フランス語のルヴァン（levain）と同じ、サワードウ（sourdough 天然酵母）のことなのだ。イブン・サッヤールの10世紀のズラビアのレシピには、十分に醱酵しなかった場合の対処法まで記されている。「その原因が酵母の質があまりよくないせいなら」、「すっぱくなった」あとに「ホウ砂」を加えるよう勧めている。化学膨張剤はアラブ人に「パンホウ砂（ベーカーズボラックス）」（おそらくソーダ灰のこと）として知られていた。サワードウは、生地をふくらませるのに不可欠なガスの気泡をつくりだすための酸性媒体だった。

『アラビアン・ナイト』の別の話に、ルクマ・アル＝カーディー（「裁判官のひと口」または「ひと口」の意）などの菓子やフリッターを山ほど売っている菓子職人の店を買う裕福な女性が出てくる。『バグダードの料理の書』にはルクマ・アル＝カーディーのレシピが載っている。

固い生地《ドウ》をつくり、醱酵させたら、ヘーゼルナッツ［ハシバミの実］くらいの大きさにちぎって、ゴマ油で揚げる。揚がったらシロップに浸し、粉砂糖をふりかける。

菓子づくり。写本『ニマートナーマ=イ・ナシール・アッディーン・シャー』より。1495頃〜1505年。

このレシピは現代のギリシアのドーナツ、ルクマーデスの製法とともに、ほぼそのまま今日に伝わっている。皮肉なことに、これはギリシア人が、もとはギリシア古来の食べものだったもの――蜂蜜トークン――を、征服者のオスマントルコ人からとり入れたということなのかもしれない。

１２７９年にバグダードがモンゴル人の手に落ちる頃には、アラブ風料理は、地域によって多少のちがいはあったが地中海全域に広がっていた。地中海の東と西は７００年以上にわたり分断されていたので、最初に根を下ろしたのはアッバース朝の料理の伝統だったが、アフリカのモロッコとムーア人支配下のスペインでは独自の料理が発達した。

●ムーア人の手のこんだレシピ

ほぼまちがいなく、現代のドーナツの系譜の一枝は、ムーア人支配下のスペインに起源をもつ。みごとな13世紀の写本『アンダルスの料理本 *Manuscrito anonimo*』には、イスファンジ（isfunj この語は英語の「sponge（スポンジ）」と同じギリシア語の語源をもつ）の手のこんだレシピが載っている。

セモリナ［デュラム小麦の粗びき粉］をふるいにかけ、皿に入れる。水をセモリナの上にそっとふりかける。それを手でまとめたら別の皿でおおい、水分がにじみ出てくるまで放置する。水分がにじみ出てきたらおおいをはずし、精白粉［胚芽とふすまを除いた小麦粉］のようになるまで練る。そこに油を注ぎ入れて混ぜ、さらにパン種（天然酵母）と卵5個を入れ、生地に混ぜこむ。それを深鍋に入れ、油を塗ったら、ふくらむまで放置する。アーモンド、クルミ、松の実、ピスタチオの皮をむき、すり鉢で塩粒くらいの細かさになるまですりつぶす。純粋な蜂蜜を火にかけ、煮つめて濃くする。先ほどすりつぶしたアーモンド、クルミ、ピスタチオ、松の実をすべて蜂蜜に加え、とろみがつくまでかき混ぜる。深鍋に入れていたセモリナ生地で、小さな薄く平たいパン（ラギーフ）をつくり、その上にこの煮つめたペーストを少量のせる。ラギーフを手でもち、折りこんでつるんと丸いひと口大の大きさにする。生地は適度な薄さにすること。フライパンに油を注ぎ入れ、煮たってきたらイスファンジをひと切れ入れ、弱火で火が通るまで揚げる。砂糖を煮つめたものをかけてもいいし、またアーモンド、粉砂糖、バラ水［バラの花の蒸留液］を詰めものに加えれば、よい香りが漂って好ましい。

このぜいたくなレシピは明らかに上流階級のためのものだろう。このレシピからは、ムーア人が卵をふんだんに使って生地の質を高めていたことがわかる。卵を加えることで、生地が扱いやすくなるうえ、できあがりもあまり油っぽくならないため、これはのちのドーナツの発達において重要な一歩である。

だが広く普及していたのはもっと質素なイスファンジだった。いまも地中海地域で好まれているドーナツの多くは、その名前からイスファンジを共通の祖先としていることがわかる。たとえば北アフリカのスフェンジ（sfenj）は、この地域のユダヤ人がいまもハヌカ［ユダヤ教の清めの祭り］の時期に食べるが、オレンジの皮で風味づけしたイースト醱酵生地でつくられ、手で引っぱってリング状にし、油で揚げる。シチリア島のスフィンジ（sfingi ゼッポレともいう）にいまも一部の地域でイースト生地からつくられているものがあるように、これらは真のドーナツだが、ナポリのストゥルッフォリ（struffoli）のように、卵を加えたシュー生地でつくることのほうが多い。

暗黒時代からよみがえったヨーロッパ人は、徐々にアラブ人を西地中海の大部分の地域から追放したが、「サラセン人」［アラブ人のこと］と戦っているときでさえ、その権力中枢の豪勢な料理をうらやんでいた。その料理は当時のヨーロッパの料理にくらべ、はるかに豪華で洗練されており、とくにデザートは、砂糖やバラ水など、それまで西洋では知られていなかったさまざまな香辛料をはじめとするエキゾチックな材料が使われていた。

◉アラブ料理の影響

アラブ料理が中世ヨーロッパの、キリスト教徒の食卓にならぶ料理の外観に与えた影響は甚大なものだったが、それは完全な形でとり入れた料理ではなく、アラビア語の写本から拾ったレシピを古典または俗（口語）ラテン語に翻訳したものをよりどころにして、手直ししたものだった。

パリのフランス国立図書館には、13世紀末にナポリのアンジュー家のナポリ王カルロ（シャルル）2世の命により、イタリアで編纂されたと考えられている一群のラテン語の写本が所蔵されている。

そのひとつ『料理の書 *Liber de ferculis*』は、ヴェネツィアでクレモナのヤンボンニナス（ヤンボンビナス）という人物によってアラビア語から俗ラテン語に翻訳されたものだ。ヤンボンニナスはおそらく、その2世紀前にアラブ人医師イブン・ジャズラが編纂した『ミンハジュ・アル＝バイアン *Minhaj al-Bayan*』に収められた一群のレシピを利用したと思われる。

後者の原本には、痰咳《たんせき》をはじめ、胸部および肺全般によいと考えられていたゼレビアのレシピがいくつかふくまれ、木の実を混ぜた醱酵生地でつくるフリッターのレシピもあった。ゼレビアはヤンボンニナスの本にもとりあげられ、2種類のレシピが載っているが、どちらも醱酵生地でつくられ、ひとつは何も加えないもの、もうひとつは混ぜものをしたものだった。何も加えないほうのレシピはこのように書かれている。

生地をよく練り、パン種（天然酵母）を入れる。それをひとさじずつ、油かラードを熱した鍋に入れ、揚げる。揚がったら、蜂蜜の入った器に浸し、誰でも好きな人に供する。

混ぜものをしたほうのレシピにはこうある。

生地に牛乳を加えて練り、平たく薄いパンをつくる。粉末アーモンド、砂糖、および樟脳《しょうのう》（カンファー）少々を生地に練り混ぜ、ゴマ油などの油かラードで揚げ、揚がったらジウレブ（シロップ」に浸す。

どちらも明らかにイブン・ジャズラのゼレビアを手直ししたものである。ヤンボンニナスがアラブ人に借りがあるのは疑う余地がない。

こうした地中海諸国は13世紀には大半がキリスト教徒だったが、ここから、もともとはアラブ料理だったものの多くがヨーロッパへと北方に広がっていった。中世には一般庶民も巡礼や交易で旅をし、ときにはかなりの遠距離を移動することもあったが、貴族は以前からずっとあちこち旅行していた。しかし当時は、とくに十字軍の帰還というもっと特別な人々の移動があり、十字軍の兵士はアラブのレシピをヨーロッパの自国にもち帰った。

いっぽうイスラムが支配するイベリア半島に定住していたユダヤ人は、15世紀にキリスト教国によるレコンキスタ（国土回復運動）が完成すると、新たなキリスト教徒支配者のきびしい迫害を逃れ、オランダなどヨーロッパ北部の中心地に自分たちの食習慣をもちこんだ。またドイツに定住していたユダヤ人もやはり、同地での迫害を逃れ、14世紀以降、ユダヤ人移民とユダヤ料理の波がポーランド、ウクライナなど東欧へと移動した。

レシピはさまざまな集団の手をへるうちに現地語に翻訳され、さらには地元の食材や地元民の味の好みに合うように手直しや改良がなされたが、印刷機がまだない時代だったので、それは何度も何度も書き直すことによって行なわれた。

14世紀のムーア人支配下のセビーリャのあるタルムード注釈者は、アル・アンダルス＝アラビア語のイスファンジが、バッターまたはやわらかいドウを油で揚げたハヌカの食べものスフガニン（sufganin）と同一であるとし、いっぽう14世紀にプロヴァンスのあるラビ［ユダヤ教・ユダヤ人社会の宗教的指導者］が書いた詩には、やはりハヌカの食べものとしてスフガニンとイスカリティン（isqaritin）が引き合いに出されている。油で揚げたスフガニンは、当時のフランスとドイツのタルムード注釈ではブニェ（bunyes）と呼ばれ、これは中世フランス語のブニェ（bugnet）との関連を示唆している。

プロヴァンスでは、スフガニンはとろとろのバッターでつくられ、ブニェタ（bugnetas）として知られており、いっぽうイスカリティンは古期フランス語のクレスプ（crespes）から、クリスピルト（qrispilts）と呼ばれ、北フランスではベニェ（beignets）と呼ばれていた。それに対し当時のスペインのタルムード解釈者は、イスカリティンはアラビア語のザラビヤ（zalabiya）のことだと述べ、アラビア語東部方言のザラビヤ（zalabiyya）――ボール状のドウを油で揚げ、蜂蜜に浸したもの――に関連づけている。

●苦しい断食をまぎらわす

キリスト教ヨーロッパ全域の重要なレシピ集に、そっくりな料理が一部ふくまれるのは、カトリック教会とそのやっかいな断食の規定範のせいである。「つらい」から「非常にきびしい」まで多少の差はあるが、年間最大150日も食事制限を課されるため、フリッターは食事の単調さと栄養不足を補ってくれる魅力的な料理になった。このため中世ヨーロッパのどの主要なレシピ集にも、フリッターのレシピがひとつ以上、甘いもの甘くないものを問わず収められている。

肉が食べられないことから気をまぎらわすため、当時の独創的な料理人はときどきおいしいエキゾチックな食材を使って舌を満足させ、苦行を少しでも楽にしようと工夫を凝らした。チーズカード［酵素を作用させて牛乳を凝固させたもので、フレッシュチーズの一種］はニワトコの花とともに、ローマ時代から混ぜものとして人気があり、いっぽう果物——とくにリンゴ——は、断食日によく肉の代わりに使われた。アップルフリッターのような広く好まれている食べものに加え、地域の特産品が日常の食事や四旬節《しじゅんせつ》（40日間にわたり動物性食品が禁止される断食期間で、とりわけつらいもの）に適したものとして指定されていた。

レシピ集は、印刷機によってヨーロッパ全土に普及したまさに最初の写本のひとつだった。時の支配王朝の親族は、料理人とともにこうしたレシピ集をたずさえて、宮廷と大邸宅のあいだを往復していた。

1475年、イタリアに魅せられたハンガリーのマーチャーシュ王は、当時のナポリ王フェルディナント1世の娘、ベアトリーチェと結婚した。1480年からの宮廷の記録によれば、花嫁はイタリアからシェフと菓子職人をともない、ハンガリーの宮廷生活に彩りを添えたといわれ、そのことは、プラティーナの名でよく知られているイタリアの人文主義者バルトロメオ・サッキが編纂した『適度な楽しみと健康について *De honesta voluptate et valetudine*』が裏づけている。

重要なことに、これは印刷された最初の料理書であり、1472年頃にローマで出版され、その後翻訳されてヨーロッパ中に広く流通した。そのレシピのほとんどは、サヴォイ侯爵のシェフ、マエストロ・マルティーノのレシピ集『料理術の書 *Libro de arte coquinaria*』(1465年頃)から借用したものだった。

マルティーノはカトリック教会の制限に合わせて、2種類のリンゴのフリッテッレを紹介している。ひとつは制限のない日に適したもので、リンゴの薄切りに卵と小麦粉でつくったバッターをつけて揚げ、油を切って砂糖をふりかける。この料理はすぐに現代のアップルフリッターだとわかる。もうひとつは四旬節向けのもので、つくり方はつぎのとおり。

リンゴをよく洗って皮をむき、煮るか、または熾火《おきび》の灰に埋めて加熱する。芯をとり除き、よくつぶす。そこに、ふるいにかけた少量の小麦粉、砂糖、イースト少々を加え、良質の油で揚げてフリッターをつくる。

当時、四旬節のために使用する「良質の油」とは、ふつうオリーブ油を意味していた。卵の代わりにパン種を使うのが四旬節の料理には不可欠で、マルティーノのパン種にサワードウを使ったレシピでは、前夜に生地をつくっておくよう指示しており、「そうすれば、フリッターが『ふわふわ』

になる」と書いている。ヨーロッパでは、ビール酵母（麦芽醱酵酒の泡）がとくに中世イギリスでパン種としてよく好まれた。

●ルネサンス期のフリッター

ルネサンス初期には、「フリッター」の説明に当てはまる食べものはヨーロッパ全土で非常に人気があり、本質的な特徴は何世紀もほとんど変わらなかった。フリッターはおもに食感から、カリカリサクサクしたもの、ふんわり軽いもの、スポンジのように弾力のあるふわふわしたものの3つのグループに大きく分類される。

ひとつ目のグループはバッターでつくられたもので、たいていイーストが入っているが、必ずしもそうとは限らない。バッターは粘度が低くとろとろしているものから、かなり粘度が高いどろっとしたものまであり、とろとろの生地を使うと、サクサクした食感の格子細工のような菓子ができた（カトーのエンキュトゥスを思いだしてほしい）。フランスのクレープ（crêpe）もそのひとつで、これは「カリカリした」という意味の語「crisp」に由来し、実際そのような食感の食べものだったが、今日フランスでクレープと呼ばれる薄いパンケーキとは似ても似つかないものだった。

イギリスにはクリスプ（cryspe）のほかミンスベク（myncebek）もあり、おそらくこれはアラビア語のムシャバク（mushabbak）にひねりを加えたアングロノルマン語だろう。ゲルマン語圏ではストラウベン（strauben）、北海沿岸低地帯［現在のベルギー、ルクセンブルク、オランダにあたる地域］

ではストルイフェン（struyven）がそれぞれ食べられていた。いっぽう、どろっとしたバッターは、マルティーノがリンゴのフリッテッレのつくり方のひとつで具体的に説明しているように、揚げものの衣に適していた。

ふたつ目のグループはふんわりと丸くふくらんだ揚げ菓子で、これはおそらくムーア人支配下のアンダルスから西地中海全域に広まったのだろう。フランスのように、シュー生地でつくられていたと考えられ、フランスではスペイン風ベニェ、もしくはペ・ド・ノンヌ（「尼のおなら」）と呼ばれるようになった。当のスペインではブニュエロ・デ・ビエント（「風のブニュエロ」）と呼ばれ、たいていはイースト生地を小さく丸めるか、薄くのばして小さめにカットしたものを揚げた。ドイツのノンネンフルツ（フランス語のペ・ド・ノンヌと同じ意味）は、イタリアのゼッポレ同様、地域によって小さく丸めるか薄くのばしてカットするかのいずれかの方法でつくられていた。

フリッターの３つ目のグループは、醗酵生地を使ってもっと大きめにつくったものだ。ドウは水分含量によって、のばしたり丸めたりして揚げられるくらい固くもなれば、スプーンですくって高温の油に落としボール状に揚げられるくらいやわらかくもなる。マルティーノの四旬節向けのアップルフリッターは後者の例で、このグループに入る菓子にはほかに、１３２４年に書かれたカタルーニャの古い時代の写本『セント・ソヴィの書 *Libre de Sent Sovi*』に載っているブニュエロ（bunyols）がある。

おいしいブニュエロをつくるには、チーズと卵を使って次のように調理する。よくふくらんだ生地《ドウ》に卵、おろしチーズを練り混ぜ、どろっとした生地をつくる。それを卵くらいの大きさのボール状に成形し、フライパンに新鮮な豚の背脂をいくらか入れ、揚げる。よく揚がったら、砂糖をしいた皿にのせ、さらに上からも砂糖をふりかける。

同じような、ドウをボール状にして揚げ、砂糖をかけた菓子は、スペインではブニュエロ（buñuelo）、ポルトガルではフィリョース、イタリアの一部ではフリッテッレまたはフリートレと呼ばれている。そしてこの3つ目のグループこそ、食感において、最初の真のドーナツと呼ぶにふさわしいものなのだが、ドーナツという言葉はまだつくられておらず、当時はまだフリッターのままだった。

１５７０年、料理書の最高傑作のひとつ『バルトロメーオ・スカッピのオペラ *Opera di M. Bartolomeo Scappi*』がヴェネツィアではじめて出版された。収められた１０００種のレシピには、少なくともフリッターのレシピが8種ふくまれており、この本は以後、何世紀とまではいかないにせよ、何十年にもわたり標準となった。たとえばスカッピ［ルネサンス期の著名な料理人］の典型的なフリッテッレは、醱酵生地に卵、クリーム状のチーズ、シナモン、バターをぜいたくに混ぜ、「膠《にかわ》［動物の皮や骨などを煮つめてつくった接着剤］くらいの粘りが出る」まで練ったら、精製した脂で揚げ、砂糖をかけて熱々を供する（バリエーションとして、干しブドウを生地に混ぜこんでもよいと書いている）。

ファン・ヴァン・デル・アメン・イ・レオン「菓子と陶器のある静物」(1627年)。中央の皿には今日のドーナツを連想させる形の菓子が盛りつけられている。

このレシピは、1世紀後、匿名の著者による『賢明な料理人 *De Verstandige Kock*』(1667年)に登場するオランダのオリクーケン(olie-koecken)のレシピに酷似している。そのレシピにはこのようにある。「小麦粉2ポンド(約900グラム)に、洗った長い干しブドウ2ポンド(約900グラム)を入れて」混ぜる。きざんだリンゴとアーモンド、シナモン、ショウガをイースト生地に加え、「スプーンでしっかり成形できるくらい固いバッターにする」

当時よくあることだったように、スカッピのレシピ集は広く模倣・翻訳され、17世紀にオランダ語で出版されたわずか2冊の料理書のうちの1冊は、これにもとづいてつくられている。(5) スカッピの著作のようなプロによる料理書が広く受け入れられたおかげも少なからずあって、イースト生地をボール状にした揚げ菓子はスペイン、ポルトガル、（スペイン支配下の）オランダで人気を集めて定番の菓子になった。そしてこの3国は、ヨーロッパの新大陸探検とその植民地化において先陣を切ることになる。

●記念すべきドイツのクラップフェン

いっぽう中世後期には、さらなる変化がカトリックヨーロッパのライン川東部、北海・バルト海から南のアルプス山脈チロル地方にいたるまでのドイツ語圏で起こっていた。この地域には、古くからシュマルツゲバッケン（「ラードで揚げたもの」）と呼ばれる伝統的な菓子がある。これは小さく切ったり、ねじったり、弓形にして揚げたドウを表す一般的な言葉で、ほかにもフラードリ、シュトルーブリ、キュッヒェリ、それにクラップフェンなどさまざまな名前で知られるが、これはドーナツ史の中核をなす種類である。

その起源は、この地域の南部で詳細に文書に記録されている。最初に印刷されたドイツの料理書『台所の専門技能 *Küchenmeisterei*』には、クラップフェンのレシピが数多く掲載されている。1485年にニュルンベルクで初版が出版されるとたちまちベストセラーになり、その後重版は43回を数え、その多くは高地ドイツ語の原文から低地ドイツ語、ポーランド語、チェコ語などほかの言語に翻訳されたものだった。

クラップフェンの中世初期のレシピには、もどかしいほど説明が足りない。「生地《ドウ》につめる」という指示には、果物なのか甘くない具材なのか、ともかくフィリングを包みこむとしか書かれていない。砂糖がまだ高価だったとすれば、甘いフィリングは大半がフルーツバターと呼ばれるものだったかもしれない。フルーツバターとは、リンゴやナシ、サクランボをことこと煮つめて固いペーストにしたものか、あるいはプルーンのように全体を乾燥させたものを指す。ある15世紀半ばのレシピ集にはこう説明されている。

聖マルティネスの祭日〔11月11日〕が過ぎたら、未熟なすっぱいリンゴを摘み、皮をむいて切り分ける。それを蜂蜜〔おそらくワインか水のどちらかを混ぜたもの〕に入れ、黒っぽい茶色

『台所の専門技能』1507年版の表紙。初版は1485年に出版された。

ピエトロ・ロンギ「フリッター売り」(1750年頃)

になるまで煮る。これは1年もつ。この香味ソースはドベリスと呼ばれる。これはフリッターに入れて揚げてもよい。

食物学者は、中世高地ドイツ語のバッケン（backen）は「焼く」または「揚げる」のいずれかを意味することでだいたい意見が一致しているが、（当時、おおいのない炉で料理していたことを考えると）「バッケン」と説明されている料理の多くは実際には揚げていたと思われる。

1490年版『台所の専門技能』に載っているこのクラップフェンの初期のレシピは、ジャムをつめたドーナツではないにしても、ドーナツの原型であることはたしかだ。甘いクラップフェン生地は、蜂蜜、ワイン、小麦粉に卵黄を混ぜてこくを出し、色づけにはサフランをもちい、イーストやホップ水で醗酵させる。

リンゴまたはナシをよく焼き、すり鉢に入れ、卵を1～2個、塩少々を加えてすりつぶし、適当に味をつけ、クラップフェン（krapffen）につめる。〔原文ママ〕

マインツ選帝侯ダニエル・ブレンデル・フォン・ホンブルクの料理長、マルクス・ランポルトの画期的な著作『新しい料理書 *Ein new Kochbuch*』（1581年）が出版される頃には、クラップフェンはフィリングを入れて折り重ねた円盤形や、おそらくラヴィオリ〔小さな袋状のパスタに肉やチーズをつめたもの」のように、パイ皮切りでカットしたものなど、より目的をもって成形されるようになっていた。このレシピに注目してほしい。「チェリーソース〔むしろジャムに近いものだろう〕を〔イースト生地に〕混ぜこみ、パイ皮切りでカットし、バターで揚げる」

『台所の専門技能』の初版が出版されてから1世紀のうちに、アルプス山脈の北からライン川の東にいたるヨーロッパのほぼ全域に独自のクラップフェンが生みだされ、その多くが、ふたつの円盤形の生地のあいだにフィリングをはさんで揚げたものだった。それには、ポーランドのポンチキ、チェコのコブリハ、クロアチアのクラフニ、ボスニアとセルビアのクロフネ、ウクライナのパンプーシュカなどがある。クラップフェンはさらにイタリアにUターンし、北部ではクラップフェン、南部ではボンボローネと呼ばれている。

ランポルトの「バターで揚げる」という説明は、16世紀にヨーロッパで酪農製品の供給増加や宗教規制が緩和されたことで、バターや乳製品の使用がブームになっていたことと一致する。ヨーロッパ北部では長いあいだ、断食規則が求める刺激臭のある菜種油や堅果油で揚げるより、日持ちのする澄ましバターのほうがあらゆる階級から好まれ、なかでもオランダ人とフラマン人、エリザベス朝のイギリス人はとりわけそうだった。ドイツ語のシュマルツ（schmalz）は、ヴェネツィア方言でバターを意味する「smalzo」から派生したもので、古代の交易路を通じて食物が伝播したことを証明している。北部では、シュマルツはラードかガチョウの脂肪を指し、いっぽう南部、とくにバイエルンでは、シュマルツは澄ましバターのことだった。

要するに、アルプス山脈の北とライン川の東には、イースト生地でつくったフィリング入りもしくはフィリングなしのドーナツの祖先が同時に普及していたということなのだ。クラップフェンとその仲間のレシピが必然的に16世紀から17世紀にかけてたどり着いた地域からは、新大陸に向けて入植者の第二波とそれ以降の波が続々と押し寄せていくことになる。フランスとイギリスはどちらも新大陸における植民地拡大に熱心にとり組み、そこでは両者の長年の対立が料理の領域にまでおよんでいた。フランスとイギリスのドーナツ史への際立った貢献は、話の舞台が大西洋を越えるとき、予期せぬ意外な展開を見せることになる。

第3章◉アメリカのドーナツ

大量のアップルパイや、モモやナシのジャムがたっぷり盛られた皿が食卓を飾ることもあったが、甘い生地《ドウ》を豚脂で揚げたボール状の菓子が皿に山盛りで出されることがつねに誇らしいこととされ、その菓子はドーナツ（dough nuts）またはオリクックと呼ばれていた。おいしいケーキの一種で、この都市ではいまのところまだめずらしく、生粋のオランダ人家庭でお目にかかれるが、オールバニー［ニューヨーク州の州都］では、お茶の集いの場に絶対に欠かせないものになっている。

——ワシントン・アーヴィング『世界の終わりからオランダ王朝の終焉までのニューヨーク史、ディートリッヒ・ニッカボッカー著 *A History of New York from the Beginning of the World to the End of the Dutch Dynasty, by Diedrich Knickerbocker*』（1809年）

◉アメリカのドーナツはどこから来たか

アメリカのドーナツほど象徴的な食べものなら、とくにいつどこで最初に典型的なアメリカの食べものになったかなど、その起源にまつわる神話が大量に生まれて当然だろうか。アメリカの作家ワシントン・アーヴィングがディートリッヒ・ニッカボッカーのペンネームで書いた、よく引き合いに出されるこの文章は、アーヴィングが「マンナ・ハタ島」と呼ぶ場所の歴史を風刺的に描いた作品から引用したものだ。

アーヴィングは、ニューアムステルダムがニューヨークになったずっとあともオランダの習慣と食べものを手放しで賞賛していた。しかしその「ドーナツまたはオリクック……はおいしいケーキの一種で、この都市ではいまのところまだめずらしく、生粋のオランダ人家庭でお目にかかれる」というでたらめな説明は、数えきれないほど多くの人々に無批判に受け入れられ、なかにはアーヴィングは「ドーナツ（dough nuts）」という言葉をつくったとまで考える人もいる。アーヴィング自身はのちにこの説明の誤りを認めているのだが、それについてはあまり言及されないどころか、アメリカのドーナツはオランダ起源だとするアーヴィングの主張がいまなお広く受け入れられている。

だがあるがまま愛されているこうした誤った通説を、やはり疑問に思うべきだろう。オランダは、北アメリカへ移民の第一陣を送りだしたヨーロッパ諸国のひとつにすぎない。このことが、ドーナツの起源にまつわるほかの通説にも、はたしてそれは根拠のあるものなのかという疑問を投げかけ

このO・F・シュミットによる1913年の絵には、ワシントン・アーヴィングがオランダ人の主婦のかたわらでくつろぎながら、「経験を積んだオランダの主婦だけがつくり方を承知していた、さまざまな信じがたいほどの種類のケーキ」ができあがるのを楽しみに待っているようすが描かれている。

るのである。

スペイン人は北アメリカに最初に定住したヨーロッパ人で、1565年、フロリダ州のセントオーガスティンに渡って植民地を開いた。地元の人はいまも古代カタルーニャにルーツをもつチーズドーナツの一種、フロマハダスが大好物だが、食べられているのはこの地域だけで、現在は揚げるより焼くことのほうが多い。

フランス人にもやはり、ドーナツの起源がフランスにあると主張する権利がある。すでにみてきたように、ベニェ（英語の「フリッター」に相当）はドーナツの第1の特性「たっぷりの油で揚げていること」に当てはまるからだ。フランスでの発祥は少なくとも14世紀にさかのぼり、カナダのケベック州でも昔から知られているベニェは、フランス人開拓者とともにニューオーリンズへ伝わったと考えられているが、1727年にウルスラ会の修道女がその地に伝えたとする説もある。ニューオーリンズでは現在、ふくらんだベニェはシュー生地を揚げてつくるのが一般的で、イースト生地を薄くのばしてつくることはあまりない。ということはドーナツの定義からすると、これはフリッターの仲間にすぎないということになる。

アメリカのドーナツの起源がフランスにあるというもっと強力な主張は、米粉でつくるニューオーリンズのカラとその仲間で、ユグノー［16〜18世紀のフランスのカルヴァン派新教徒の通称］移民が伝えたとされるサウスカロライナ州のベニェ・ドゥ・リズを根拠にしている。南部のフランス語を話す地域では、大邸宅の女主人は、フランソワ・マシアロの『宮廷とブルジョワの新しい料理 *Le Nouveau cuisinier royal et bourgeois*』のようなフランスの料理書のレシピ――多くは米料理――を参考にしていた。この料理書は1769年、ルイジアナ州のある家庭の財産目録に載っているのを発見された。(1)

奴隷もまた、西アフリカの祖国の米料理に親しんでいたので、そうしたレシピをとり入れ、さらに手を加えた。このようにして生まれたカラは、初期のアフリカ系アメリカ人の起業家精神を象徴するものとなった。カラは当初、すりつぶしたごはん、小麦粉、卵をナツメグで風味づけしたものでつくっていたが、のちにイースト生地が使われるようになった。カラはまちがいなくドーナツだったが、残念なことに現在ではルイジアナ州南部でも見られなくなった。

では、ドーナツの起源がイギリスにあるとする主張とはどのようなものだろう。当時の主要な植民者であるイギリス人の食習慣では、揚げるより焼いた甘い生地でつくったパンやケーキ、バンズ「イースト入りの小型の丸いパン」が一般に好まれたので、イギリス起源の主張は、どうも根拠が不十分のように思える。ただし、ハロウィーンにフライドドウを食べる古代ケルト人の伝統との関連を引き合いに出す人々もいる。さらにピルグリムファーザーズ［宗教的迫害を逃れ、イギリスから1620年にメイフラワー号でアメリカ大陸に渡り、マサチューセッツ州プリマスに植民地を開いたピューリタン（清教徒）の一団］は、新大陸に向けて船出する前、1607年から1620年までオランダで過ごしており、これだけの期間滞在していればオランダの習慣になじむには十分で、この事実が起源にかんする突拍子もない主張の原因になっている。

また、最近の発見がその主張に再び火をつけた。2013年10月26日付のヘレフォードシャー・マーキュリー紙に「ドーナツの起源は古き良きイングランドのDow Nutにあり、とイギリス人は主張」という見出しがおどったのだ。これは古い時代の手稿本『エリザベス・ディムズデール男爵夫人のレシピ帳 *The Receipt Book of Baroness Elizabeth Dimsdale*』（1800年頃／2013年に初出版）にある「ドーナツ（dow nuts）」のレシピに端を発しており、このレシピ帳についてはあとでまた触れよう。

さらにペンシルベニアダッチの存在がある——「ダッチ」といっても「オランダ人」という意味ではなく、これはアメリカ入植民がライン渓谷出身の人々を指して使った中期英語［およそ1150～1500年の時期の英語］の言葉である。入植した新大陸で、こうした「ダッチ」はたちまち独自のコミュニティを築き、当初は自分たちの言語とプロテスタントの信仰によって結束していた。18世紀初頭のもっとも初期のアメリカ移民はおもに貧しい農民（「貧しいプファルツ人［ドイツ南西部プファルツ地方の住民」」）だったので、その古い時代の食習慣がよくわかる18世紀の料理書の写本が比較的少ないのはおそらくそのためだろう。

　象徴的な食べものはコミュニティの結びつきを強め、祝祭や断食といった宗教的行事に関係のあるものはとくにそうだった。11月から四旬節までずっと、あらゆる種類のクラップフェン（ドイツのドーナツ）が食される数々のお祝いがあり、それは四旬節前日の告解火曜日で最終日を迎え、この日、人々はファストナッハトを食べたいだけ食べるのだ。ドイツ人のクラップフェン好きは――ファストナッハトもその一種だが――人から人へと伝染しやすく、その魅力から広く普及した。クラップフェンもまたオリクックとともに、アメリカのドーナツの祖先として検討に値するだろう。

　17世紀から18世紀初頭にかけて、アメリカのイギリス植民地における料理は何をおいてもまずイギリス料理だった。当時輸入されたイギリスの料理書には、中世の時代からほとんど変わらない伝統的なフリッターのさまざまなレシピがふくまれていた。最初のアメリカの料理書（アメリカで再販されたヨーロッパの料理書ではなく）は１７９６年に出版されたアミーリア・シモンズの『アメリカの料理術 *American Cookery*』だったが、新大陸独自のレシピがいくつか掲載されていたものの、ドーナツのレシピはひとつもなかった。アメリカで出版されたものとしては最古とされるドーナツのレシピは、世紀があらたまったあとに登場することになる。

　ここで再びオランダに話をもどそう。イースト生地をボール状にして揚げたオリクーケン oliekoeken（文字どおり「オイルケーキ」の意）がニューネザーランド（１６２２年に北アメリカに

オランダの巨匠アルベルト・カイプによる「オリボーレンの鉢をもった女中」（1652年頃）は、当時明らかに慣れ親しまれていた食べものを題材にしている。

築かれたオランダの植民地）で、１６６４年にイギリスに占領されるまで最古のオランダ移民によってつくられていたことを示す証拠はないが、オランダ移民はきっとこの食べものに慣れ親しんでいたと思われる。

たとえば、オリクーケンはオランダの画家アルベルト・カイプの「オリボーレンの鉢をもった女中」（文字どおり「オイルボール」の意。オリクーケンの別名）にも描かれている。これだけあちこちに登場しているのだから、この食べものがオランダ移民の母国で何十年にもわたり広く好まれていたと考えていいだろう。オリクーケンは新たな植民地に渡った人々にも親しまれ、当時の口伝えによる伝承を考えると、この簡単につくれる人気の祝い菓子は伝統を重んじる入植者によって必ずやつくられたにちがいない。

●ドーナツの前身

オランダ移民はイギリスが占領したあとも続々とアメリカにやってきた。彼らはのちに多くのオランダ系アメリカ人のレシピのもととなる、１６６７年に出版された『賢明な料理人』を何冊ももちこんだのだろう。この本は、当時オランダでもっとも影響力のある料理書だった。

この本には、印刷されたものとしては最古とされるオリクーケンのレシピがふくまれている。生地の材料は小麦粉２ポンド（約９００グラム）、牛乳１パイント（約０・47リットル）弱、「溶かしバターを小ぶりのボウルに半分」、イースト大さじ１杯で、これに細かく切った「最高のリンゴをカップ1杯」、干しブドウ2ポンド（約900グラム）、アーモンドホール［粒そのままの、きざんでいないもの］6オンス（約170グラム）を混ぜ、シナモン、ショウガ、クローブ（丁子）で風味づけする。

旧家の手稿本が、その地方で出版された料理書の不足を補うのに役立っている。『賢明な料理人——旧世界と新世界におけるオランダ人の食習慣 *The Sensible Cook: Dutch Foodways in the Old and the New World*』（1998年）の著者、ピーター・G・ローズは、2世紀以上にわたる歴史的記録であるそうした旧家の手書きのレシピ帳を40冊以上調べている。

アンネ・スティーヴンソン・ファン・コートランド（1774～1821年）の手稿本は、ひょっとしたら1795年頃、彼女の結婚に合わせて用意されたものかもしれない。これには、オリジナルレシピをアメリカ風にアレンジした典型的なオリクック（olicooks）の初期のレシピがふくまれており、「オールバニー方式《メソッド》」と記されている。「小麦粉4ポンド（約1・8キロ）、バター1ポンド（約450グラム）、砂糖1ポンド（約450グラム）、卵12個、イースト紅茶茶碗1杯、牛乳を適量、たとえば、3パイント（約1・41リットル）ほど」。『賢明な料理人』の出版から100年以上をへて、綴りが一部英語風になり、さらに材料も変化している。リンゴ、干しブドウ、刺激的な香辛料が入った、ほかに甘味を加えないオリジナルレシピの生地が、卵とバターでぐっとこくを高めた生地にとって代わっている。ただ、つくり方はそのままだ。『賢明な料理人』では、「スプーンでしっかり成形できるくらい固いバッターにする」と指示されている。いっぽうオリクックもやはり、スプーンですくって「油の中を泳ぐ」くらいの固さにする。

こうした手稿本にはよく、生地に小麦粉を加え、小さく丸めてブランデー漬け干しブドウを押しこめられるくらい「固く」すると書かれている。ここに英語風の言葉「ドーナツ（doughnut）」の起源が潜んでいるかもしれない――接尾辞の「nut」は、ジンジャーナット（ginger nut）［丸いショウガ入りクッキー］やスパイスナット（spice nut）［香辛料の堅果］にあるように、丸みをおびた「木の実（nut）」形の食物を暗に指している。

ローズは、オランダ移民の手稿本にあるこうしたレシピはじつのところ、おなじみのアメリカ風ドーナツの直接の祖先だと考えている。しかし初期のオランダ系アメリカ人のあいだでオリクーケンと同じくらい人気があったにもかかわらず、そのレシピはアメリカで出版された最初の料理書にはふくまれなかった。

アメリカ風ドーナツの印刷された最古のレシピは、２冊の画期的なイギリスの料理書のアメリカ版に掲載された。その２冊とは、１７６５年頃にロンドンで、１８０２年にニューヨークでそれぞれ出版されたスザンナ・カーターの『つましい主婦、あるいは熟達した女性料理人 *The Frugal Housewife; or, Complete Woman Cook*』と、ハンナ・グラスの『簡単明瞭な料理術 *The Art of Cookery Made Plain and Easy*』（１７４７年にイギリスで出版）である。どちらにもまったく同じ「アメリカ流の調理法に合わせた」29種のレシピ集が付録としてついており、そのひとつがドーナツなのだ。

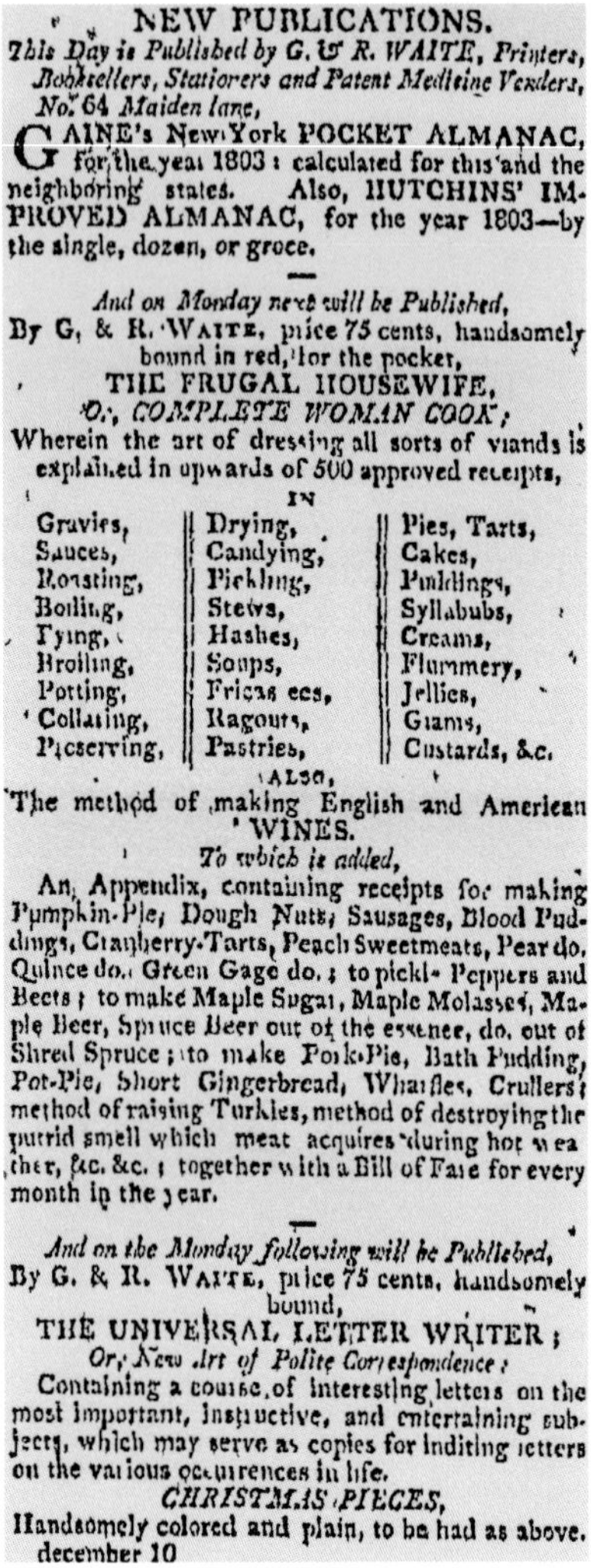
NEW PUBLICATIONS.
This Day is Published by G. & R. WAITE, Printers, Booksellers, Stationers and Patent Medicine Venders, No. 64 Maiden lane,
GAINE's New-York POCKET ALMANAC, for the year 1803: calculated for this and the neighboring states. Also, HUTCHINS' IMPROVED ALMANAC, for the year 1803—by the single, dozen, or groce.

And on Monday next will be Published,
By G. & R. WAITE, price 75 cents, handsomely bound in red, for the pocket,
THE FRUGAL HOUSEWIFE,
Or, COMPLETE WOMAN COOK;
Wherein the art of dressing all sorts of viands is explained in upwards of 500 approved receipts,
IN

Gravies,	Drying,	Pies, Tarts,
Sauces,	Candying,	Cakes,
Roasting,	Pickling,	Puddings,
Boiling,	Stews,	Syllabubs,
Frying,	Hashes,	Creams,
Broiling,	Soups,	Flummery,
Potting,	Fricassees,	Jellies,
Collaring,	Ragouts,	Grams,
Preserving,	Pastries,	Custards, &c.

ALSO,
The method of making English and American WINES.
To which is added,
An Appendix, containing receipts for making Pumpkin-Pie, Dough Nuts, Sausages, Blood Puddings, Cranberry-Tarts, Peach Sweetmeats, Pear do. Quince do. Green Gage do.; to pickle Peppers and Beets; to make Maple Sugar, Maple Molasses, Maple Beer, Spruce Beer out of the essence, do. out of Shred Spruce; to make Pork-Pie, Bath Pudding, Pot-Pie, Short Gingerbread, Whaffles, Crullers; method of raising Turkies, method of destroying the putrid smell which meat acquires during hot weather, &c. &c.; together with a Bill of Fare for every month in the year.

And on the Monday following will be Published,
By G. & R. WAITE, price 75 cents, handsomely bound,
THE UNIVERSAL LETTER WRITER;
Or, New Art of Polite Correspondence:
Containing a course of interesting letters on the most important, instructive, and entertaining subjects, which may serve as copies for inditing letters on the various occurrences in life.
CHRISTMAS PIECES,
Handsomely colored and plain, to be had as above.
december 10

1802年にアメリカで出版された最初のイギリスの料理書、スザンナ・カーターの『つましい主婦』の広告

小麦粉1ポンド（約450グラム）に、バター4分の1ポンド（約113グラム）、砂糖4分の1ポンド（約113グラム）、イースト2さじを入れる。そこに温めた牛乳か水を加えて混ぜ、パン生地くらいの固さにし、放置してふくらませたら、好きな形に成形し、脂（豚のラード）を熱して、そこに入れる。

出版物はたいてい実際とは時間的ずれがあるので、「ドーナツ（doughnut）」（または「dough-nut」もしくは「dough nut」）という言葉は1800年よりずっと以前から、ワシントン・アーヴィング

が住んでいたニューヨークだけでなく、もっと広い地域で一般に使われていたにちがいない。

1808年のボストンタイムズ紙の記事にある人の祖父の話が引用されており、老人はつましくも幸福だった過去を回想して「お茶の時間に大きな丸テーブルをみんなで囲むと、たっぷりのファイアケーキ［小麦粉と水を混ぜて焼いただけのもの］とドーナツが出された」[2]と語っている。これはつまり1808年には、ドーナツは少なくともニューイングランド地方［アメリカ北東部、マサチューセッツ州など6州の総称。イギリスの最も古い入植地］で2世代にわたりその名前で知られていたことになる。

食物史家のカレン・ヘスは、カーターとグラスの著書のアメリカ版についた付録のレシピは起源がずっと古く、おそらく18世紀半ば頃のもので、出所はアメリカ北東部だろうと考えている。また、イギリスの出版社が新しい国に生まれた料理の独自性を認めざるをえなくなり、新聞やアルマナック［ヨーロッパの伝統的な生活暦。日の出や日没時刻、聖人祝日、祝祭などが記載されている］からレシピを剽窃《ひょうせつ》したとも考えている。

アメリカで増加しつつあったドイツ語を話す移民は当初、無数のクラップフェンのレシピをふくむ、旧大陸の料理書にたよっていた。輸入された多くの料理書の中でもっとも人気のあったもののひとつは、フリーデリケ・レフラーの『家政術の節約の手引き *Ökonomisches Handbuch für Frauenzimmer*』（1791年）だった。この本はその後1856年にアメリカで出版され、ドイツでも1870年に再刊された。レフラーのレシピと、ほかの人気のドイツ人作者によるレシピは、多くのドイツ語の出版物にひっきりなしに掲載された。
ここに紹介する1870年の「告解火曜日のドーナツ」(ファストナッハトキューヒライン)のレシピは、レフラーのもっとも古い版に載っていたもので、何世紀にもわたり食べられているドイツの伝統菓子の典型的なレシピである。

小麦粉1・5ポンド(約675グラム)、バター4分の1ポンド(約113グラム)、塩、イースト3さじ、牛乳を混ぜ、イースト生地をつくる。ボウルに入れ、醗酵してふくらんだら、生地をひとさじずつすくい、指の半分くらいの厚さに押しのばすか、四角形に切る。それを、小麦粉をふった布の上に並べて醗酵させる。熱したラードできつね色になるまで揚げたら、スライスしたパンの上においてを脂しみこませ、砂糖とシナモンをまぶす。

この質素なドーナツは、カーターとグラスの料理書の付録にあるものと非常によく似ており、となると後者のレシピは、実際には新聞かアルマナック、ひょっとするとドイツ系アメリカ人のレシピからとったものだと考えるのが妥当だろう。憶測はさておき、この2冊の料理書は非常に影響力が強かったので、多くの人の心にドーナツのイメージを実質的に特徴づけることになった。
アーヴィングの「ドーナツまたはオリクック」は「この都市ではいまのところまだめずらしい」という主張は非現実的に思える。「ドーナツ(Dough Nuts)」というペンネームだけで知られるある作家は、1791年3月8日付のニューヨークのデイリーアドバタイザー紙に掲載した記事の中で、この都市の市会議員に、「知的能力」を向上させ、「呼称を一新」して、「爽快な気分」で職務をはたすよう熱心に勧めている。この作家によると、祖先の精神を受け継いだオランダ人の市長たちはオリクーケンを食べて「慈養」をとっていたという。

ほんとうのところ、市長たちはこの有益な習慣に非常に愛着を覚えるようになったので、職務の大変さから気持ちがいささか沈むときはいつでも、「オリクーケンとお茶（Oeley Koechen, en Tee）」がこうした耐えがたい気分への唯一の解毒剤として利用された。

この作家は明らかに読者が自分のペンネームに親しみを感じてくれるものと思っている。ニューヨーク市民でさえ、バターや卵をふんだんに入れたオランダ系アメリカ人のオリクーケンと、ほかのもっと質素なドーナツとをはっきりと区別していたようだ。

たしか1796年のことだったと思うが、ジェロールマン夫人が市場にテーブルをおき、熱いコーヒーを1杯3ペンス、ドーナツをひとつ1ペニーで売っていた。そのテーブルは、これを書こうとしたときまっさきに思いだしたものだった。彼女は太っていて、体重が225ポンド（約100キロ）あるといわれており、ベルヘンの平原出身の正真正銘のオランダ女だった。幅の広いオランダ人特有の顔をした夫人が市場にやってくると、肉屋の小僧たちが「でっかいドーナツが来たぞ」とさかんにはやしたてた。[3]

これは、比較的広いニューヨークのコミュニティでは、オリクーケンがこの頃にはドーナツの仲間とみなされていたことを示唆しており、またオリクックという言葉がやがては消え去ることを早くも暗示している。しかしこの言葉はもうしばらくのあいだ、比較的結束の強いオランダ人コミュニティで生きつづけることになる。

ヴァンレンセリアーという名のある家族の1819年から1820年頃の手稿本には、「ありふれたスヌークキルドーナツ」のレシピが収められている。このタイトルからヴァンレンセリアー家の人々がドーナツを程度の劣る食べものとみなしていたことがわかるが――このレシピでは、基本的なイースト生地に糖蜜［砂糖の精製過程でできる黒色のシロップ状の残液］で甘味をつけている――、オリクックはまったく見当たらない。1819年には、アーヴィング自身がちがいを指摘しようと四苦八苦していた。

大皿にうず高く積みあげられたさまざまな信じがたいほどの種類の菓子は、経験を積んだオランダの主婦だけがつくり方を承知していた。かみごたえのあるドーナツ、それよりやわらかなオリクック、サクサクでぼろぼろとくずれるクルーラーなどがあった。[4]

クルーラーについては初期のレシピに、卵をふんだんに使ったイーストを入れないペストリー生地を使うことが詳細に記述されており、それを油で揚げると、アーヴィングの説明どおりに、まさにサクサクでぼろぼろとくずれるクッキーができあがる。あるクルーラーのレシピが、エライザ・レスリー嬢による初期のアメリカの料理書『ペストリー、ケーキ、砂糖菓子のレシピ75選 *Seventy-five Receipts for Pastry, Cakes, and Sweetmeats*』（1828年）に載っている。レスリーは「生地を細長く切り、ねじっていろいろな形にする」と指示しているが、それには「恋結び（ラブノット）」や「長円形のねじり（イロンゲイテッドツイスト）」などさまざまなものがある。

このクッキータイプのクルーラーはじきに消えたが、ねじれた形は根強く残り、クルーラーという言葉は現在も、ねじれた形のイーストドーナツに一部使われている。現代のイースト生地でつくるクルーラーはおそらく、ドイツのシュプリッツクーヘンのような、シュー生地を押し出し器や絞り出し袋からしぼり出してつくるヨーロッパのフリッターから派生したものだろう。レスリーののちの著書『新しいレシピ集 *New Receipts*』（1854年）には、シュー生地を絞り出し袋からリング状に押しだしてつくる「やわらかなクルーラー」のレシピがふくまれている。

アーヴィングが挙げているほかのふたつの菓子については、本人が明確なちがいを認めている。カーターやグラスの付録にあるような初期のドーナツのレシピは、本質的には甘いパンで、たしかに基本的で「かみごたえはある」が、多くのオランダ人一家の手稿本にあるおびただしい数のオリクックのレシピでは、卵とバターがたっぷり入れられ、よりケーキに似た「やわらかい」食感のものになっていた。
ドーナツがアメリカの印刷された料理書に再び登場するのは、1824年になってからのことだった。それはメアリー・ランドルフ夫人の名著『ヴァージニアの主婦 *The Virginia House-wife*』で、その中に「ドーナツ――ヤンキーケーキ」［ヤンキーはニューイングランド地方の住民のこと］という見出しのついたレシピがある。

上質のブラウンシュガー（赤砂糖）半ポンド（約225グラム）を乾燥させて粉末にし、小麦粉2ポンド（約900グラム）と混ぜ、ふるいにかける。そこにイースト2さじ、さらに新鮮な牛乳をパン生地をつくるときと同じくらいの量加える。十分にふくらんだら、半ポンド（約225グラム）のバターを練りこみ、50セント硬貨くらいの大きさ［直径約3センチ］に成形し、熱したラードで薄いきつね色になるまで揚げる。

このドーナツはヴァージニア州で明らかに好まれていたが、北東部の、とくにニューイングランド地方の食べものとみなされている。白砂糖の代わりにブラウンシュガーを使用することを除けば、これはグラスとカーターの料理書の付録にある基本的な甘いパンと同じである。1896年の植民地時代のニューヨークのようすを描写したある歴史書もやはり、ドーナツは「ニューイングランド地方でもひとしく好まれていた」[5]と主張している。

「ケーキ」という言葉はめずらしいものではなかった。これは、イギリスではなじみのある言葉で、今日なら菓子パンに分類されるであろう香辛料と果物が入ったさまざまなケーキブレッドを指していた。おもしろいことにニューイングランドの一部の地域では、「ドーナツ」は「シムボール」または「シムブリン」と呼ばれていたらしく、これは17世紀のシムネルケーキ［クリスマス、復活祭、四旬節などにつくるフルーツケーキ］を思わせるピューリタン風の呼び方だ。シムネルケーキは17世紀当時、香辛料と果物が入った小さな丸パンだった。[6]

◉ニューイングランド地方

かくして古い時代のイギリスに逆もどりしたところで、ドーナツに話をもどそう。前述したエリザベス・ディムズデールの1800年の「ドーナツ（dow nuts）」のレシピは、マイケル・クロンドルが著書『甘い発明――デザートの歴史』の中で指摘している、イギリスでこの言葉がはじめて記録されたとされる1831年の告解火曜日の「ドーナツ」にかんする記述よりもさらにさかのぼる。クロンドルは「ハドソン渓谷《バレー》［ハドソン川流域の、北はニューヨーク州の州都オールバニーから南はマンハッタン島北東のブロンクスまでの300キロほどの地域］のドーナツはオランダ生まれの可能性があり、いっぽうニューイングランド地方のドーナツは古い時代のイギリスの流れをくんでいた可能性がある」と示唆している。

しかしおわかりのように、「ドーナツ（dough-nut）」という言葉は1800年よりかなり前からニューイングランド地方で一般に使われており、ひょっとするとそれは、アメリカからイギリスにもどった旅行者が口にした「ドーナツ（dough-nuts）」の話から、発音どおりに「ドーナツ（dow nuts）」として記録されたとも考えられる。当時のイギリスで「ドーナツ」という言葉がよく知られていなかったことを示すさらなる証拠は、ローザ・レインが著書『クイーンズアイランド *Queen's Isle*』（1861年）の中で回想する、ワイト島［イングランド南部、イギリス海峡にある島］での子供の頃の思い出である。

ドーナツとはどんな食べものなのかと思っていることだろう。ここに来るのがはじめてなら、一度も食べたことがないはずだ。それはドーナツがこの島にしかないからなのだが、もともとはオランダ生まれだと聞いたことがあり、いずれアメリカでもお目にかかれるだろう。では、こんなふうに想像してみてほしい。外側がこんがりきつね色に揚がった丸いボール形の生地を割ってみると――なんと！　真ん中にスモモの小さなかたまりが入っているのだ。

これはつまり、ほかの多くの人々も同意しているが、ワイト島のドーナツはこの島ならではのものだということだ。歴史家のなかには、ワイト島のドーナツは独自の発達を遂げ、起源を17世紀にまでたどれると考えている人々もいる。だがワイト島のドーナツが「ドーナツ」と呼ばれるようになったのは、19世紀半ばになってからのことである。それ以前は「鳥の巣」とも呼ばれていた。
エライザ・レスリーの1828年の著書には、こんな「ドーナツ」のレシピが載っている——ふるいにかけた小麦粉3ポンド（約1・3キロ）、砂糖1ポンド（約450グラム）、バター4分の3ポンド（約337グラム）、卵4個、最高の醸造者のイースト2分の1カップ、牛乳1・5パイント（約0・7リットル）、粉末シナモン小さじ1、すりつぶしたナツメグ1個分、バラ水大さじ1を混ぜ、「やわらかい生地《ドウ》をつくり」、そのあと「ふくらませる」。ところがレスリーの人気の著書『調理法 *Directions for Cookery*』の1837年の版では、とくにおいしいドーナツをつくるために、イーストでふくらませたパン生地を使った方式を選んでいる。技術的な利点と文章のわかりやすさで知られる、その「ドーナツ」のレシピがこれである。

深皿を2枚用意し、それぞれに4分の3ポンド（約337グラム）の小麦粉をふるい入れる。一方の小麦粉の真ん中にくぼみをつくり、そこに最高の醸造者のイーストをワイングラス1杯注ぎ、人肌に温めた牛乳で湿らせながら、小麦粉を少しずつくぼみの中のイーストに混ぜあわせる。よく混ぜあわせたら、おおいをかけ、火のそばにおいて2時間ほどかけてふくらませる。こうしておけばパン生地ができる。そのあいだ、バター5オンス（約141グラム）をきざんでもう一方の皿の小麦粉に入れ、両手でこすりあわせて細かくする。そこに粉砂糖半ポンド（約225グラム）、粉末シナモン小さじ1、すりつぶしたナツメグ1個分、バラ水大さじ1、牛乳半パイント（約0・24リットル）を加える。さらに卵3個を軽く割りほぐして加え、しっかりかき混ぜる。パン生地が十分に醱酵したら、ほかの材料といっしょにナイフでしっかり混ぜあわせる。おおいをかけ、さらに1時間火のそばにおく。すっかり醱酵したら、パンこね台に小麦粉をうち、生地のかたまりをその上にあけ、ジャギングアイアン〔パイ皮切り〕で厚いひし形に切り分ける。生地がやわらかすぎて扱いにくい場合は、小麦粉をもう少し混ぜてもよいが、ほかの材料は加えない。スキレット〔長い柄のついたやや深めの鍋〕にラードを熱し、ドーナツを入れ、きつね色に揚げる。冷めたら、上から棒砂糖をおろし金でおろしてかけ、できたてを食べる。1日おくと硬く脂っこくなるので、すぐに食べる分だけつくるようにする。

レスリーは、自分の「ドーナツ」は「干しブドウの入ったニューヨークのドーナツ『オリクック』」とは別物だと強調している。このレシピでは、「かみごたえのあるドーナツ」と「それよりやわらかなオリクック」が一体化しているように思えるが、さまざまな文化的集団がほかの集団のバリエーションや技術を吸収していくなかで融合されていった例だろう。

●質素倹約

地方でつぎつぎと料理書が出版されるようになると、オランダやニューイングランド地方にルー

典型的な18世紀のニューイングランド地方の台所。画面左端には、鍋が炉辺の自在かぎからつるされているのが見える。

ツをもつドーナツは、さまざまな移民の料理の伝統に影響を受けるようになった。スウェーデン料理も、ロシア料理も、イタリア料理もみな、人類学者が「モノの文化的伝記」と呼ぶものに加えられた。しかしニューイングランド地方はなおも先導役をはたしつづけた。１８３０年頃に出版されたニューイングランドの料理書の新たなトレンドは、「実用的」「簡素」「家計の節約」で、たとえば１８２９年にはじめて出版されたリディア・チャイルド夫人の『アメリカのつましい主婦 *The American Frugal Housewife*』は、食材はもちろん実際面においても「節約を恥ずかしいことと思わない人々」に向けて書かれている。チャイルドの「ドーナツ」のレシピは定番になった。

ドーナツの材料には、小麦粉１パイント（約０・47リットル）、砂糖半パイント（約０・

24リットル）、卵3個、卵大のバターひと切れ、溶かした真珠灰《しんじゅはい》［木灰から採る炭酸カリウムの粉］小さじ1を使用する。卵がなければ、麦芽醱酵酒の泡（ビール酵母）1ジル（約142ミリリットル）で代用できるが、この場合、生地をひと晩おかなければならない。あれば、シナモン、バラ水もしくはレモンブランデーを入れてもよい。バターの代わりにラードも一部使うなら、塩を少々加える。脂が高温になるまでドーナツを入れないこと。揚げ脂は多ければ多いほうがよく、少なければ少ないほど脂っぽくなる。

サンドラ・オリヴァーは著書『海と海辺の食習慣 *Saltwater Foodways*』（1995年）の中で、ニューイングランド地方ではどうして「高価な食材や手間ひまを必要とするレシピが受け入れられなかった」かについてくわしく書いているが、要は食事に時間をかける習慣がなかったからなのだ。キース・ステーヴリとキャサリン・フィッツジェラルドの『アメリカの伝統料理 *America's Founding Food*』（2004年）によれば、ドーナツはこうした要求にぴったりかなうもので、安息日のように十分な食事をつくれないときや、特別な日、あるいは午前半ばの軽食などにとりわけ人気が高かった。

ニューイングランド地方で育った、アメリカの作家ハリエット・ビーチャー・ストウの姉キャサリン・ストウは、1816年の家族の特別な日の集まりについて語っている。当時、彼女は16歳だった。「この集まりでは、ドーナツ、ローフケーキ［パンの形に焼いたケーキ。バウンドケーキなど］、

おおいのない炉の熾火の前におかれた三脚つきドーナツ鍋。1800年代半ばまで、これがこの人気のごちそうの一般的な調理方法だった。

それにサイダー［リンゴ果汁］やフリップ［ビール・ブランデーに卵・香料・砂糖などを加えて温めた飲みもの］といった恒例のごちそうを、いつもよりずっと多く出さなければならないとあらかじめ知らされていた」[7]。また、「台所の炉で揚げた大量のドーナツ」という表現や、おおいのない炉で手際良く調理するようすなどの描写から、ドーナツの伝統がいかに深く、実際的でつましい社会に根づいていたかを物語っている。

●朝食としてのドーナツ

はたしていつ頃からアメリカでドーナツが朝食で食べられるようになったかは、はっきりとはわかっていない。17世紀には大西洋の両側で、エール［ビールの一種」とポリッジ［オートミールや穀類を水や牛乳で煮つめてどろどろにしたかゆ］または肉という伝統的な朝食が、紅茶やチョコレート、コーヒーといった新たな飲みものと、それにもっとぴったりのキャラウェーで風味づけしたウィッグスのような甘いバンズやパンという組み合わせにとって代わられた。しかしアメリカでは、コーヒーとドーナツが朝の食卓を席巻することになる。

1866年、アメリカの作家で思想家のヘンリー・デイヴィッド・ソローは、ケープコッド［マサチューセッツ州南東部の半島］での朝食には「ウナギ、バターミルクケーキ、冷たいパン、サヤインゲン、ドーナツ、それに紅茶」が出されたと回想している。(8) ロードアイランド州ではじめて行なわれた五月祭の朝食について記した1867年の記述には、「ゆでてつぶしたカブ、マッシュポテト、ピクルス、パイ、ドーナツ、果物、コーヒーのほか、辛党向けのクラムケーキ［きざんだ二枚貝の身が入った甘くない生地をボール状にして揚げたもの。ロードアイランド州の名物］」などのごちそうを食べて祝っているようすが描写されている。(9)

アメリカでドーナツがいつから朝食で食べられるようになったかはさだかではないが、どこで食べられるようになったかはいくらかはっきりしており、それはニューイングランド地方だった。そこでは、ドーナツは朝食のためだけのものではなかった。

1896年に出版されたニューヨークの歴史にかんする著作物にはこう書かれている。「ニューイングランドの別荘では、ドーナツがじつに一年中、三度三度食べられている」が、フラットブッシュ［ニューヨーク市ブルックリン中南部の地域］で「オリクック」がつくられるのは、「揚げ脂に使うラードがまだ新鮮な、11月から1月までのあいだに限られた」[10]。19世紀後半には、ドーナツは典型的な時と場所を選ばない食べものになっており、毎日の生活にすっかり溶けこんで、多くの特別な催しに欠かせないものになっていた。

チャイルドのレシピは別の理由でも画期的なものだった。それは真珠灰を使っていることで、これは炭酸カリウムを主成分とする初期の化学膨張剤だ。当時発行されたレシピ集を見ると、アメリカでは化学膨張剤は1796年から使われていたことがわかる。真珠灰の精製法は1790年にアメリカではじめて認可された特許でもあったが、残念ながら真珠灰は脂肪分と反応するとせっけんのような味になりがちだったので、重曹やベーキングソーダ（重炭酸ナトリウム）、ベーキングパウダー（イーストパウダーと呼ばれることもある）がじきに好まれるようになった。

したがってチャイルドのレシピは、アメリカ風ドーナツの系統樹のまったく新しい分枝、ケーキドーナツの登場を予感させた。またしてもニューイングランドから新たなドーナツが生まれることになったのは、この地方に、お金をかけず手早く簡単につくれるドーナツのスタイルがあったからで、そのどれもが質素倹約をモットーとするピューリタン魂にとって大切な美徳だった。

19世紀半ばには、ドーナツのレシピは必ず料理書にふくまれるようになった。ドーナツのレシピはしだいに西にも伝わっていき、エステル・ウッズ・ウィルコックスの『トチノキ州の料理 *Buckeye Cookery*』（1877年）［トチノキ州はオハイオ州の俗称］のような地方の料理書にも登場した。これは、「クルーラーとドーナツ」にまる1章を割いている最初の料理書のひとつでもあった。この章には「フライドケーキ」なるもののレシピがふくまれているが、これはドーナツのよく知られた別名である。

このレシピで紹介しているのは、スカンディナヴィアの農場労働者がスマルトボラーと呼んだりする、パンケーキやビスケット［小型の丸いパン。イギリスのスコーンに似たもの］より手っ取り早くお腹を満たせる、サワークリームを使った人気のバリエーションだ。ほかの3つのレシピは正確な意味においてドーナツであり、ひとつは「ふくらませたドーナツ（raised doughnuts）」で、この頃には一般にイースト（酵母）醱酵させたものを指すようになっており、いっぽう「ドーナツ（doughnuts）」は、いまや一語になったが、化学膨張剤で醱酵させたものを指していた。そして3つ目は「アルバートのお気に入り」のドーナツで、「リング形に型抜きするか、ねじって」つくる。これはこの料理書で唯一、形を明記しているレシピである。

●ドーナツに穴があくようになった理由

ドーナツの初期のレシピは、形についての説明がもどかしいほど短い。メアリー・ランドルフは、形について具体的に触れたはじめての人物かもしれない。ランドルフは1824年の著書の中で「50セント硬貨くらいの大きさ［直径約3センチ］に成形する」と書いている。これ以外はほとんどが「押しのばす」「好きな形にする」「型抜きする」など、あいまいで大まかな説明ばかりだ。

前述したように、エライザ・レスリーは1828年の著書の中で、生地を「ジャギングアイアン〔パイ皮切り〕で厚いひし形に」切り分けるよう指示している。20年後、『クラウン夫人のアメリカ女性のための料理書 *Mrs. Crowen's American Lady's Cookery Book*』（１８４７年）が、イースト醗酵させた生地と化学膨張剤を入れた生地の両方を使ったドーナツのレシピを紹介し、これ以降の料理書はすべてこのスタイルになった。

クラウンのイースト醗酵ドーナツは「小さな正方形、星形もしくはひし形」に抜き、「イーストを入れないドーナツ」は「正方形またはひし形、もしくは円形にし、高温に熱したラードで指示どおりに〔揚げる〕。生地はリング形にして揚げてもよい」と書かれている。ほぼ同時期のエイベル夫人の『熟練主婦の書 *Skillful House wife's Book*』には「極上のフライドケーキ」のレシピが載っており、「ジャンバル〔薄いリング形のクッキー〕のように切る」とあるが、これはつまりリング形に抜くという意味である。

化学膨張剤はおそらく、現在多くのドーナツがリング形をしていることと関係があるだろう。平たくした生地の小さなかたまりを、脂の吸収を最小限におさえるのに適した温度で揚げると、おそらく火の通りにくい中心が生焼けになる。これはとくに化学膨張剤を使用している場合、イースト生地ほど固くないので――つまり、やわらかくべとべとした生地になるので――中心までしっかり火を通すのがさらにむずかしくなるからだ。化学膨張剤でふくらませたケーキドーナツの中心部分が生焼けになるのはよくあることだったので、俗に「シンカー（重《おも》り）」、悪くすれば「グリーシーシンカー（脂でべとべとの重り）」と呼ばれたりした。

上：一説によれば、穴のあいたドーナツを発明したとされるグレゴリー船長。

下：船上の４人の男性と古くなったドーナツ。撮影年月日不詳。写真の裏にはこう書かれている。「港の底で石にまちがえられたこの大きな物体は、じつは停泊中の船から誤って海中に落ちた、古くて硬くなったドーナツなのだ」

ペンシルベニアダッチのファストナッハトの伝統的な形。ウィリアム・ウォイズ・ウィーヴァー著『ペンシルベニアダッチの田舎料理』（1997年）より。ウィーヴァーはひし形の「ファットケーキ」がスイスの辺境にあり、9世紀から広く普及していることを突き止めた。

どのようにしてドーナツに穴があくようになったかについては諸説あるが、メイン州の船乗りのグレゴリー船長なる人物が、母親のつくったドーナツの分厚い真ん中を指で押しだしたとする説には具体的な証拠がほとんどない。この説の別のバージョンでは、グレゴリー船長が仲間の船乗りに「ドーナツっていうのはただの四角いパン生地のかたまりみたいで、脂っこくて胃もたれする」とこぼし、穴のあいたドーナツをつくるのにぴったりな型をほかの船乗りにこしらえさせるよう命じたという。しかしこれらの有名な話は、ニューイングランドの人々には気に入られていたものの、くわしく調べれば矛盾が生じる。１８４７年のエイベルの料理書にはリング形のドーナツについての記述があり、これはグレゴリー船長が主張しているのと同じ年なのだ。

もっとも古いドーナツの穴は、ペンシルベニアダッチのファストナッハトのものとするのが妥当だろう。イースト生地でつくった初期のものは一般にフィリングの入っていない正方形やひし形で火が十二分に通ったが、化学膨張剤を使った生地にかんしては、うまい解決策が考え出された。ひし形に抜いた生地の真ん中に、長軸にそって切れ目を入れ、それを開いて穴をつくってから揚げたのである。『パットナム夫人のレシピブック *Mrs. Putnam's Receipt Book*』（１８４９年）のエリザベス・パットナムのようなほかの料理人は、穴の重要性をよく理解しており、外周の円形を抜くのに大きめの直径のグラス、中心の穴を抜くのにもっと直径の小さいグラスをそれぞれ使うよう勧めている。

リングドーナツがやがてアメリカで主流になるとは、当時はまだ誰にもわからなかった。20世紀に入って出版された料理書には、リング形はもちろん、ツイスト形、ボール形、円盤形などさまざまな種類が紹介されていた。ローラ・インガルス・ワイルダーの人気の小説『農場の少年』［恩地三保子訳、福音館書店］は１８６６年が物語の舞台だが、その中で主人公のアルマンゾ少年の母親がこんな不平をいっている。「『流行りの』真ん中に穴をあけた丸形のドーナツは、ねじったドーナツみたいにひとりで裏返ってくれない」

アメリカ人に一挙にふたつのお気に入りの形――「リング」と「ドーナツホール［ドーナツの中心を抜いた生地でつくった球形のひと口サイズのドーナツ］」――を提供したのは、特許を取得したドーナ

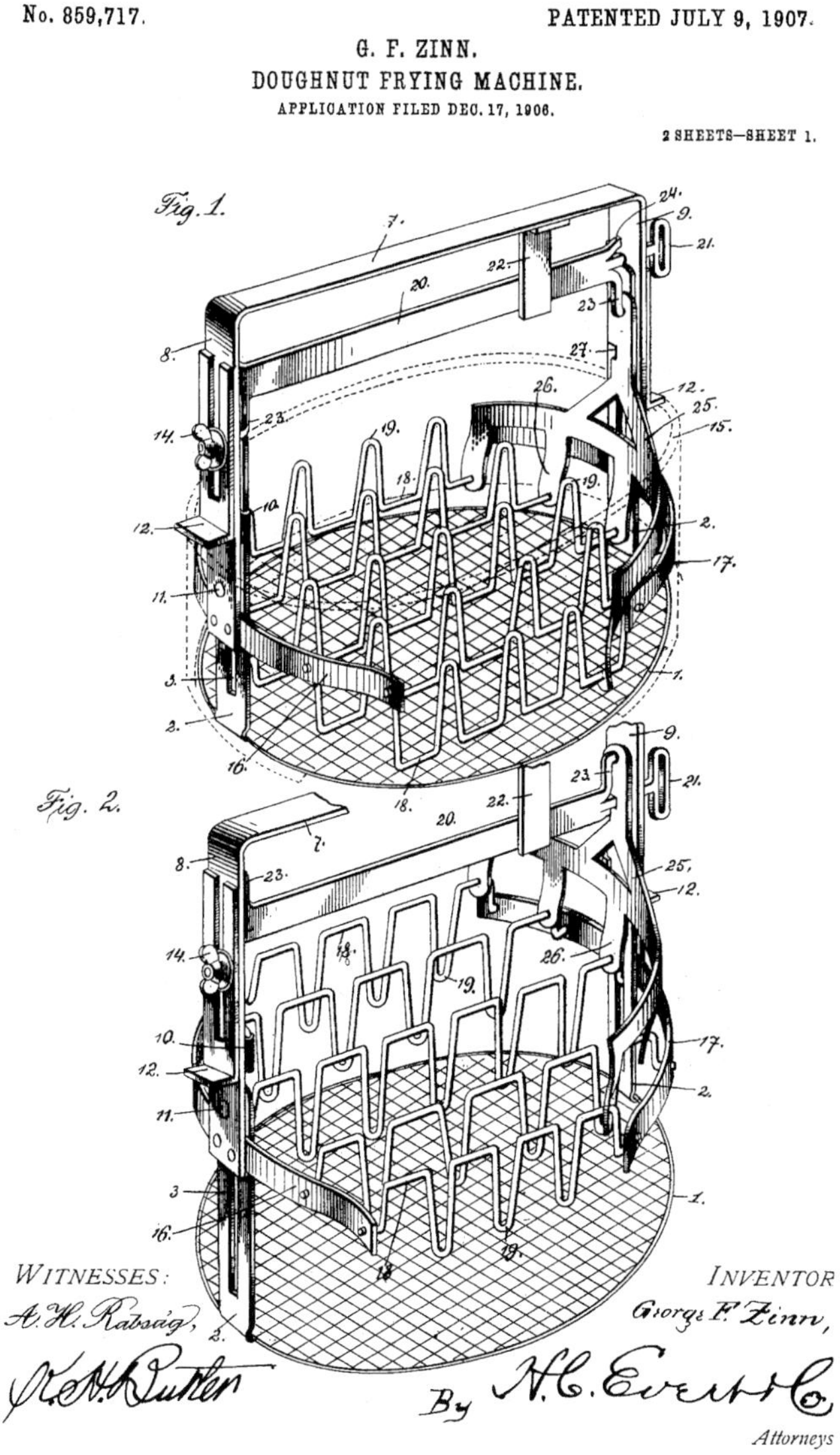

比較的危険な作業のひとつを機械化するための初期の試み。1907年に特許をとった、揚げている最中にドーナツを裏返す装置。

ツの抜き型だった。穴があいたことで、「アメリカンドーナツ」が生まれたといわれている。ドーナツの抜き型の最初の特許は１８５７年に与えられた。これは円形の抜き型（クッキー型にも使えた）で、穴をあけたいときには着脱式の打ち抜き型をとりつけるようになっていた。１８７２年の特許品はばね式で、穴を抜いた生地が次のドーナツを型抜きする前に押しだされるしくみになっていて、利便性がはるかに向上した。

◉「ドーナツガールズ」

ドーナツの人気がさらにいっそう高まるにつれ、利便性が最優先されるようになった。農場でも、カリフォルニア州やコロラド州の鉱山町でも、オレゴン州の木材伐採員宿泊所でも、はたまた西部の農場や牧場の炊事車でも、料理人は化学膨張剤でふくらませるケーキドーナツが、早くて安くておいしく、必要なカロリーを手軽にとるのにぴったりなものであることに気づくようになる。同じことが航海にも当てはまった。アメリカの捕鯨の習慣に、鯨油を１００万バレル採取したお祝いに巨大なドーナツを、船上の鯨油精製炉にかけた鍋にたっぷりの鯨油を熱して揚げるというのがあった（意外なことに、ドーナツの味がそこなわれることはなかったらしい）。この場合もやはり、ケーキドーナツのレシピが好まれた。

南北戦争後、アメリカが本格的に工業化しつつあるとき、便利で経済的で手早くつくれることはケーキドーナツに有利に働いた。ドーナツはさらに、19世紀後半から20世紀初頭にかけての「ベー

ベーキングパウダーのメーカーが競って発行し、広く配布したパンフレットの数々。

キングパウダー戦争」からも恩恵をこうむった。この「戦争」では、メーカーが無料のレシピ冊子を広く配布するなどして、自社独自の配合のベーキングパウダーを積極的に売りこんだ。20世紀初頭には植物性ショートニングがあらたに登場し、ケーキドーナツはもちろん、イーストドーナツもさらなる強力な後押しを得ることになった。

合成ショートニングやラードの代用品は、早くも1887年には市販されていた。コットレンのような液体の綿実《めんじつ》油と牛脂を混ぜた製品は1930年代になっても人気があったが、19世紀後半頃に一大変革がもたらされた。あるドイツの科学者が植物油に水素を化学的に添加し、常温では固体となり、ラード、獣脂、バターの代わりとして使えるすぐれた製品を発明したのだ。早くも1911年には、そうした水素添加植物油の製造の特許がアメリカで申請され、このまったく新しい経済的な製品が、じつはバターより上等で、獣脂よりもヘルシーだと主婦を納得させるために多大な努力が費やされた(これは早まった主張だったことがのちに判明する)。プロクター&ギャンブル社は「クリスコ(Crisco)」(「crystallized cottonseed oil(結晶化した綿実油)」の頭字語)と命名したショートニングを、ドーナツのレシピもふくむレシピ冊子を無料で配布して、積極的に売りだした。競合製品の「クリームクリスプ」の1915年の広告はこう豪語している。

クリームクリスプは純粋な食品であるだけでなく、ヘルシーで、食欲をそそり、どんな料理でもバターよりおいしく仕上げます。そして、とても経済的なのです。クリームクリスプにすれば、いままでラードとバターに払っていたお金を半分に減らせます。

同年にメイン州で開催された展示会で、クリームクリスプのメーカーは1週間で1万2000個を超えるドーナツを配り、その揚げる能力をアピールしてみせた。とりわけクリスコはたちまち人気を博し、1916年には年間2700万キロを売り上げた。

アメリカが第1次世界大戦に突入する頃には、リング形が他を圧倒していた。救世軍［プロテスタントの国際的な軍隊式福音伝道団体］の「娘たち」は、戦地のホームシックにかかったアメリカ兵を元気づけようと、前線へおもむいた。設備も物資も限られるなか、「娘たち」のひとり、ヘレン・

第1次世界大戦中、塹壕でドーナツを配る「ドーナツガールズ」。

パーヴィアンスはふとひらめいてドーナツをつくってみた。余っていた小麦粉、砂糖、牛乳、水、食用油、ベーキングソーダを使って、瓶をめん棒に、薬きょうを抜き型に、ごみ箱を揚げ鍋にして、パーヴィアンスと同僚はせっせとドーナツをつくりつづけた。

ドーナツはたちまち大好評を博し、まさに自分たちのアイデアと努力で、娘たちは一躍有名になった。ドーナツを揚げる匂いとコーヒーの香りは、兵士たちがそのために戦っているもの——故郷のわが家、母親、台所の炉——をなつかしく思いださせた。「穴のあいたドーナツ」をつくってほしいと懇願され、「ドーナツガールズ」はまもなく1日に最大9000個を調理し、終戦までに100万個以上を配ったとされる。アメリカ歩兵は「ドウボーイズ」と呼ばれたが、じつをいえばこれは南北戦争時の言葉で、歩兵の制服についていた大きな球状のボタンがダンプリング［練った小麦粉を丸めてゆでたもの］に似ていたことに由来する。

１９２０年代まではおもに家族の特別な日や祝祭などにときどきつくられるごちそうだったものが、いままさに日常の食事に欠かせないものになろうとしていた。需要をいちじるしく押しあげたのはなによりも、戦場で戦う兵士にドーナツがはたしたつつましい貢献に対する強い愛国心だった。供給もまた、化学膨張剤、植物性ショートニング、高品質の小麦粉、安価な砂糖といったものがすべて広く手に入るようになったことから、右肩あがりで増加する構えを見せていた。ドーナツはすでに万全の準備が整っていた。アメリカの科学技術、革新、マーケティングは、いまやドーナツを世界に羽ばたかせようとしていた。

第4章 ◉ 帝国主義としてのドーナツ

「ブラックホークヘリコプターが上空でバタバタと音をたてている。ドーナツのひとり当たりの消費量も急上昇している……そう、アメリカ人がこの国にやってくるのだ」と2011年11月、シドニーモーニングヘラルド紙が報じた。[1] オーストラリアの首都キャンベラは、オバマ大統領の到着に備えていた。この都市でオバマは名高い「アジア重視政策」の演説をすることになる。大統領より先に到着する100人ものアメリカ人ジャーナリスト代表団を待ちかまえるのは、24時間態勢の通信センターとひとりのシェフ、それに「大量のドーナツ」だった。

さまざまな種類のフライドドウが世界中の国や地域でごちそうとして食べられているが、そのほとんどが地元の祭りや儀式と結びついている。しかし人々がドーナツ（doughnut または donut）を買って食べるとき、自分はいまアメリカの食べものを食べていると自覚しているのだ。そう、ある時点から、リング形や円盤形をした「ドーナツ」と呼ばれるこの甘いフライドドウは、見る人の目に典型的なアメリカの食べものとして映るようになったのである。

◉自動ドーナツ製造機

第1次世界大戦が終わり、アメリカの「ドウボーイズ」はドーナツ好きとなって新しい社会に帰還してきた。1920年代はアメリカにおける目覚ましい時代だ。アメリカは大量消費社会へと変わろうとしていた。既製品――とくにドーナツ――の需要が増大し、新旧のベーカリー（パン屋）が増産にふみきった。ベーカリーの仕事は昔から大変だったが、ドーナツづくりは油の煮えたぎる大鍋に身を乗りだしてのきつい作業だったことから、これをなんとかするために発明家が知恵をしぼるようになった。危険な作業を機械化するための創意に富んだアイディアの特許登録が、早くも1907年には登場しはじめた。

そのひとつを登録したのが、当時ニューヨークのベーカリーチェーンの共同所有者だったアドルフ・レヴィットである。孫娘のサリー・レヴィット・スタインバーグは著書『ドーナツブック *The Donut Book*』（2004年）の中で、祖父について次のように生き生きと語っている。

レヴィットは帰還兵の「声」に応えて、「アメリカにはドーナツが必要だと理解し、その実現に向けて動きだした」。このロシア移民はふとひらめいて、ドーナツの揚げ鍋を自分のベーカリーのショーウィンドウに押しこんだ。スタインバーグは、通りがかる人という人がこの光景にくぎづけになり、またたくまにドーナツの生産が追いつかなくなったようすをくわしく述べている。そんな

ディスプレードーナツマシン社が製作した初期の自動連続ドーナツ製造機の広告。1922年。

とき、レヴィットは列車の食堂車でたまたまとなりに座っていたある若い技術者に、ドーナツ製造のもどかしさを訴えた。客からよく見えるショーウィンドウで、もっとたくさんドーナツをつくるにはどうしたらいいのだろう？　ふたりは意気投合し、いっしょに自動でドーナツがつくれる機械の設計にとりかかった。

１９２０年、試行錯誤の末、「まるで人間のようなすばらしい自動ドーナツ製造機」が、ハーレムにあるレヴィットのベーカリーのショーウィンドウにお目見えした。人々は立ちどまって、生地が製造機に入っていき、ドーナツになって出てくるようすに見入った。パン職人が全国から視察にやってきて、ひと目見るなりこの製造機の有用性を高く評価した。というのもこの初期型でさえ、まったく同一のドーナツを１時間に１０００個も製造することができたからだ。

レヴィットは最初の年に１２８機の製造機を売りさばいた。アメリカの自動車製造業者ヘンリー・フォードと同様、レヴィットも連続的処理と継続的改善を信条としており、自分の製造機を向上させようとたゆまぬ努力を続けた。ドーナツづくりが小規模生産から大量生産へと転換するお膳立てはこれで整い、アメリカのドーナツはひたすら前進を続けることになる。

レヴィットの「すばらしい製造機」はほんの手始めにすぎなかった。彼は考えられるありとあらゆる機会を模索し、「アメリカのドーナツ王」としての任務をまっとうした。１９２１年、レヴィットは自身のディスプレードーナツマシン社を代表して、ダウニーフレークドーナツオイルを商標登録した。また乾物のドーナツの素（ドーナツミックス）を製造し、同社のドーナツ製造機を購入し

アドルフ・レヴィットのメイフラワードーナツのメニューを飾る「楽天家の信条」は、レヴィット自身の人生哲学だった

ているかいないかに関係なく、レストランやベーカリーに販売した。さらに大手製パン会社と提携し、A&Pのような急成長しているスーパーマーケットチェーンにドーナツを納入した。1928年には、ダウニーフレークドーナツフラワー（小麦粉）、ダウニーフレークコーヒーも売りだしていた。

生まれながらの商売人であるレヴィットは、ドーナツ店のチェーン——愛国的なネーミングのメイフラワードーナツ——を、当時有数のコーヒー会社マックスウェルハウスと共同ではじめ、ドーナツとコーヒーの結びつきをさらに強固なものにした。くわえて、「ドーナツの月」を10月と決めて宣伝したほか、全米ダンキング協会「ダンキング（ドーナツをコーヒーに浸して食べること）の普及を促進する団体」を創設し、ハリウッドの映画業界にもうまくとり入ってドーナツとコーヒーへの支持をとりつけた。

大恐慌（1929～39年）のときには、食料がまったく乏しかったこの時期にあって、ドーナツは低価格のカロリー源だった。レヴィットの製造機は1930年には1時間に3000個のドーナツを製造できるようになっていたので、製造機を所有しているチェーン店はどこも、1ダースわずか15セントで売っても利益を出すことができた。すでに労働者階級にとってなくてはならない食べものになっていたドーナツは、さらに「貧者のケーキ」になった。ドーナツの運はこの暗黒の10年のあいだもずっと上向いていた。レヴィットのアメリカドーナツ協会（DCA）が作成した記録文書によると、ドーナツの消費額は1933年の12・6億ドルから1939年の39・6億ドルへと3倍以上にはねあがっている。

●大豆とジャガイモ

アメリカ人に仕事とまともな食事を与えることは急務であり、この声に応えた名士のなかで、とくに熱心だったのがヘンリー・フォードである。1933年12月発行のフォーチュン誌の記事は、「フォード氏がいまやV型8気筒エンジンと同じくらい大豆に大変な関心をもっている」理由についてくわしく書いている。大豆のさまざまな工業的用途は別にしても、タンパク質を多くふくむ大豆はきわめて重要な食料であり、さらにそれを広く栽培すれば困窮している農民も助かるだろう。

フォードは、ドーナツなどの大豆で栄養価を高めた食品を普及させようと辛抱強くとり組んだ。1938年にエジソン協会が発行した小冊子『大豆料理のレシピ集 *Recipes for Soybean Foods*』には、大豆入り豆板《まめいた》［砂糖を煮とかし、炒り豆を混ぜて平たく固めた菓子］や大豆のカスタード［牛乳・

卵・砂糖・香料を混ぜあわせてつくったデザート」とともに、「ドーナツ」も紹介されている。材料は、グルテン麦粉（パン用小麦粉）と大豆粉を各2・5カップ（350グラム）、ベーキングパウダー小さじ4、ベーキングソーダ小さじ1、塩小さじ2、ナツメグ小さじ1、レモンの汁と皮、ショートニング2分の1カップ（110グラム）、砂糖1カップ（200グラム）、卵3個、サワーミルク1・25カップ（約560ミリリットル）で、たしかに一般的なドーナツよりタンパク質を多くふくんでいるが、おそらく味は二の次だったと思われる。

しかし、ドーナツの栄養価を高めるために注目された農産物は、なにも大豆だけではなかった。新聞各社はコンテストを開催して、安く簡単につくれるおいしいレシピを読者から募った。デンヴァーポスト紙が1933年に行なった「春のレシピコンテスト」では、一等（賞金は現代の金額に換算すればかなりの額になる85ドル）は「ポテトドーナツ」のレシピが受賞した。

ポテト（ジャガイモ）がドーナツに使われたのは、これがはじめてではない。ウィリアム・ウォイズ・ウィーヴァーは著書『ペンシルベニアダッチの田舎料理 *Pennsylvania Dutch Country Cooking*』（1997年）の中で、初期のドイツ語を話す移民がこの用途の広い塊茎《かいけい》［地下茎が肥大化したもの］をそれより高価な小麦粉の代わりに混ぜて使っていたと書いている。ジャガイモは焼き菓子類のかさを増し、中身をしっとりさせ、さらに日持ちをよくする。ドーナツは、前日のマッシュポテトや、パンをつくる際に残ったジャガイモ生地の利用法として一般的だった。

話はさかのぼるが、アルとボブのペルトン兄弟はソルトレークシティに引っ越し、自分たちの新しいドーナツ店の売りになるものを探していた。その際、この地域にも定住していたペンシルベニアダッチがつくるポテトドーナツをおそらく偶然目にしたのだろう。ふたりはジャガイモのゆで汁と、その頃市販されるようになったジャガイモ粉を使って試行錯誤をくりかえしていたが、できあがったドーナツはどれもがっかりするようなものばかりだった。しかし一説によると、かわりにマッシュポテトを試してみたとき、兄弟の頭にパッとアイディアがひらめいたらしい。こうして1940年、スパッドナッツ（Spudnuts）が誕生した。ペルトン兄弟がつくり出した大きくてふわふわのドーナツは一大ブランドになるものと思われたが、第2次世界大戦が邪魔をした。

◉クリスピー・クリーム・ドーナツ

ジャガイモは、別の大手ドーナツブランドの誕生に際しても目玉商品となった。1933年、ヴァーノン・ルドルフという若者がケンタッキー州パデューカのおじのドーナツ店で働きはじめた。この店では、あるフランス人シェフから買ったレシピを使っていた。4年後、ルドルフは、当時キャメル煙草の生産拠点として栄えていたノースカロライナ州ウィンストンセーレムにドーナツ店を出した。スパッドナッツのふんわり軽やかな食感という特性が、ルドルフのドーナツではさらに強調されていた。

ルドルフが創業した、このクリスピー・クリーム・ドーナツの重役を長年務めるジャック・マッカレアによると、その秘密は、ジャガイモ、砂糖、牛乳でつくるクリーム（Kreme）と、軽くサクッときつね色に揚げた外側（Krispy）だという。おいしそうな匂いが客を引きつけることに気づいたルドルフは、店の壁に穴をあけ、店内の客がドーナツを味わうだけでなく、通りがかった人が目で見て、さらに匂いも楽しめるようにした。レヴィットと同様にルドルフは「ドーナツ劇場」の力を理解しており、これは現在にいたるまで、クリスピー・クリームの「工場」店舗に欠くことができないものである。

第2次世界大戦中には、ドーナツは前回の大戦よりさらにいっそう戦地の兵士たちの士気を維持するのに一役買った。今回その任務は赤十字社がおもに担うことになり、アメリカドーナツ協会（DCA）は何百機もの「リンカーン」ドーナツ製造機（いかなるときも愛国者であるレヴィットがアメリカ大統領にちなんで命名）を無料で赤十字社のクラブモビール［ヨーロッパに展開するアメリカ兵にドーナツやコーヒーを無料で提供して回ったバス］に貸しだしたが、使用する何千トンものドーナツミックスはもっぱらDCAから購入しなければならなかった。やはり商売は商売で、戦時中にブランド価値を保持しつづけることが、戦後に急成長を遂げるためには絶対に不可欠だったのだ。この作戦は効を奏し、ドーナツの売り上げは1939年に40億ドル近くにのぼり、終戦時にはまたしてもほぼ2倍になっていた。

戦争を首尾よく切り抜けたDCAは、今度はドーナツ店を開くことに興味のある人々に、生産性の高いドーナツ製造機、安価なドーナツミックス、大量のパンフレットや経営のノウハウを提供して、開業に力を貸そうと手ぐすね引いていた。帰還アメリカ兵向けのDCAのパンフレット『ドー

人々の注意を引きつけるセンスのよさは、まちがいなくチェーンの発展の一助になった。ランディーズドーナツは1953年、ロサンゼルス国際空港近くにオープンした。1950年代初頭に設置した巨大なドーナツの看板が目を引くドライブインを10店舗展開する、もっともよく知られた古参チェーンだ。

ナツビジネスをはじめてみませんか?』(1944年)の書き出しにはこのようにある。「ダウニーフレークドーナツデポなら、必要なものがすべて一式そろっています。できたて熱々のドーナツの製造、陳列、販売がじつに簡単にできます!」。さらに加盟店はドーナツ1ダースにつき11セントの純利益があげられ、「1週間に455ダース売れば、ざっと50ドル(2014年の価値で650ドルに相当)もうかります!」。この勧誘には、帰還兵のみならず多くの人々が応じた。

戦後まもなくアメリカのドーナツは、アメリカ人だけでなく、世界にも知られるようになった。自家用車保有率が急上昇し、アメリカ人はあちこちに足を伸ばすようになった。ドーナツはこうした社会の変化の波も冷静に乗りこなした——なにしろ、安価な材料で大量生産され、持ち帰り用のコーヒーによく合い、片手で食べられたのだから当然といえば当然だろう。DCAのドーナツ製造機、ドーナツミックス、経営ノウハウは、たしかに開業する多くの人々の助けになったが、この早い時期とそれ以降に成功したビジネスモデルは、フランチャイズ方式だった。

ペルトン兄弟のスパッドナッツ事業は、最初のフランチャイズのひとつだった。戦後、ふたりは乾燥ドーナツミックスを開発して製品の規格化を実現し、その結果、1948年半ばには、30の州に200以上のスパッドナッツの店舗を展開し(1950年代初頭には350店舗)、各店舗が「東海岸から西海岸まで、アラスカからメキシコまで」をスローガンに掲げていた。1960年代初頭には、日本にも事業を拡大する計画が進められていた。

フランチャイズという販売形態は、ヴァーノン・ルドルフのクリスピー・クリーム・ドーナツ社

クリスピー・クリームのオリジナルグレーズドドーナツ

をまたたく間に南部全域に事業展開させた。ルドルフは製造をオートメーション化する必要があったが、手に入る製造機はケーキドーナツ用だけで、イーストドーナツ用がないことがさらなる課題となっていた。同社はついに、イーストドーナツを連続製造できる「クリスピー・オートマティック・リングキング・ジュニア」という、客の心をつかむ珍妙な機械を開発した。この機械の子孫は現在もクリスピー・クリームの「工場」店舗にでんと構えている。初期のリングキングは最近、クリスピー・クリーム・ドーナツチェーンの創業75周年を記念して、スミソニアン研究所に寄贈されている。

●ダンキンドーナツ

いっぽうアメリカ北東部では、別の伝説的なドーナツフランチャイズチェーンが軌道に乗りはじめていた。ウィリアム・ローゼンバーグは、工場や建設現場にケータリング［調理品の出前。その場で調理する場合もある」を行なっていたが、アメリカの労働者が休み時間にいちばん食べたいと思っているのはコーヒーとドーナツなのだとわかっていた。ローゼンバーグはこのひらめきをもっと広い範囲の人々にも当てはめてみた。おそらく誰もが、テーブルに座って、コーヒーといっしょにドーナツを食べながらおしゃべりしたり、お土産にドーナツを買ったりできる場所を求めているのではないだろうか？

１９４８年、ローゼンバーグはマサチューセッツ州クインシーに、オープンケトルというレストランを開いた。2年後、レストランの名前をダンキンドーナツに変更。１９５５年にはフランチャイズ（営業販売権）を売りだすまでに成功しており、１９６３年には１００店舗目がオープンした。ダンキンドーナツはいかにもアメリカらしい考え方にもとづく、ファストフードレストランのフランチャイズチェーンといってよかった。１９５５年、ローゼンバーグの上級幹部のひとり（で姻族の）ハリー・ウィノカーが、仲たがいの末に会社を去り、ミスタードーナツチェーンを立ちあげた。ミスタードーナツはたちまちダンキンドーナツの最大のライバルになった。

こうしたチェーンが提供する製品はそれぞれ差別化されていたが、熾烈な競争が繰り広げられるなかで、ケーキドーナツであれイーストドーナツであれ、あるいはその両方であれ、たがいに似通ったものになっていった。というのも、あるチェーンが販売し成功をおさめた新製品やその特色は、ただちにほかのチェーンがまねるため、たがいの主要製品ラインが標準化・工業化されていったからだ。アメリカのドーナツはこの頃にはもう、アメリカ文化を体験したくてうずうずしている世界中の人々にとどけられる準備が整っていた。

◉世界へ

1931年にまで話はさかのぼるが、その年、アメリカドーナツ協会（DCA）はカナダに進出し、最初の国際業務部門、カナダドーナツ協会（CDC）を設立した。DCAは戦時中、赤十字社の厚意によりヨーロッパとイギリスで製品を売りこむ機会を手にし、そこでダウニーフレークのブランド名でドーナツを製造・販売した。さらに1950年には、オーストラリアにダウニーフレークドーナツの店舗を数店オープンさせた。しかしその海外進出は試験的なもので、メキシコを除いては、店舗展開したのは戦争中に多数のアメリカ兵を受け入れた英語圏諸国だけだった。

1960年代のカナダへの事業拡大は別にして、大手フランチャイズチェーンは、戦争で荒廃したヨーロッパやアジア、とりわけ日本の経済が再建され、市民が真の購買力――とアメリカ文化への関心――をもつようになるやいなや、国際レベルで事業を展開しはじめた。ダンキンドーナツは1970年に日本に進出し、ミスタードーナツがすぐにそれに続いた。

こうした海外への事業拡大は――アメリカ文化の帝国主義にほかならないとみなす向きもあったが――各国の反応もさまざまで、成功にかんしても明暗が分かれた。

ドーナツはオーストラリアやイギリスでは、あくまでアメリカ人の好物としてよく知られていた。ヨーロッパの国々と同様に、オーストラリアやイギリスでは自国のパン職人が昔からさまざまな人気の菓子やペストリーをつくっており、そのうちのひとつが一部の地域でつくられているドーナツで、「アメリカン」ドーナツとしてよく売られていた。ダンキンドーナツは鳴りもの入りでオーストラリアに進出したが、すぐに撤退した（ニュージーランドにはまだ12店舗ほどが残っている）。

ダンキンドーナツは現在、日本で店舗展開していないが、ミスタードーナツはおよそ１５００店舗ある。日本国内最大のドーナツチェーンを形成するこれらの店舗は、日本の運営会社のフランチャイジーで、この会社はミスタードーナツブランドをタイ、フィリピン、台湾、韓国、中国と、つぎつぎに展開している。加盟店の多くは副店舗をもち、「サンフランシスコチャイナタウン」をキャッチフレーズに点心メニューを提供し、なぜか中国料理を売りものにしてアメリカのイメージをアピールしているが、もちろんドーナツも売っている。

撤退したチェーンがファンに名残惜しまれることもよくあった。その結果、コピー商品が現れ、オーストラリアのドーナツキング（大型ショッピングセンターに３５０店舗ある）がダンキンドーナツのコピー商品を急きょ回収する騒ぎも起こっている。ドーナツキングは現在、中国に進出しており、そこで独自の「アメリカン」ドーナツを売ろうとしている。

しかしアメリカ人にとってまったく意外だったのは、北の隣国カナダの反応だった。１９６４年、有名な（カナダでは）アイスホッケー選手ティム・ホートンがオンタリオ州ハミルトンで創業したドーナツとコーヒーを売る店のフランチャイズチェーンは、ドーナツの売り上げを競う多くの新規チェーンのひとつにすぎなかった。ホートンが10年後に自動車事故で悲劇的な死を遂げたときには、わずか40店舗がティムホートンズの看板を掲げているだけだったが、共同経営者ロン・ジョイスの統率力のもと、会社は成長を続けた。いまやカナダ全土にざっと4000店舗を展開し、一部の都市ではどの街角にもあるように思える。ティムホートンズは現在、カナダで販売されるドーナツの約80パーセントを占めており、ダンキンドーナツなどのアメリカのドーナツチェーン店はほとんど見かけない。

ティムホートンズはカナダとカナダ人のアイデンティティを象徴するものになっており、そこにアメリカ的なものの入る余地はない。カナダは、ドーナツのひとり当たりの消費量が世界第1位で、わが国こそがこの質素な食べものを非公式の国民食へ昇格させたと主張しているが、それを聞いてもアメリカのドーナツファンは顔色ひとつ変えない。というのも、伝説に近いティムホートンズ崇拝がはじまったのは1980年代で、たかだか1世代前のことだからだ。しかも皮肉なことに、1995年から2006年まで、この会社はアメリカのファストフードレストランチェーン、ウェンディーズの子会社だったのである。その後、一本立ちしたのもつかの間、2014年12月には再びアメリカ人の手に渡り、今度はバーガーキングによる買収が株主に承認された。

多くの人々が、カナダでいったい何が起こっているのかと不思議に思っている。『ドーナツ――あるカナダ史 *The Donut: A Canadian History*』(2008年)の著者スティーヴ・ペンフォールドは、ティムホートンズが「どういうわけかカナダでアイデンティティをめぐる政治的駆け引きの受け皿になってしまった[2]」理由を説明するふたつの持論を展開している。ひとつはホッケーとドーナツとの結びつきで、ペンフォールドはこんな言葉を引き合いに出している。「ドーナツとホッケー、こ

ティム・ホートンズはカナダ人そのもの

れほどカナダらしいものはほかにない」[3]。そしてもうひとつは、「カナダ人によるアメリカ製品の大量消費と、アメリカの消費文化とは異なる『本物』の経験を創造したいという願望とのあいだのせめぎあい[4]」だという。著者によれば、カナダ人はティムホートンズを通じて、アメリカの消費帝国主義に抵抗する自分たちなりの方法をつくり出し、アメリカの食べものをカナダ独自の民族文化に合わせてアレンジしたものを国民全体で共有して安心感を得ているのだ。

◉拡大と混乱の時代

こうした、アメリカのドーナツチェーンが海外進出で経験した悲喜こもごもの結果は、「アメリカ人がこんなに大好きなものを外国人がきらいなはずはない」という明らかなうぬぼれはもちろん、不十分な市場調査も影響しているのかもしれない。しかし国内での混迷が一因になったのはまちがいない。

１９７０年代初頭、ライアンズスティーハウスを所有するイギリスの食品メーカー、Ｊ・ライアンズ社がアメリカ企業を買いあさりはじめ、１年あまりでＤＣＡ、ダンキンドーナツ、アイスクリームメーカーのバスキンロビンズ社を合併吸収し、ダンキンブランズ社を形成した。１９９０年にはミスタードーナツを買収し、アメリカ国内のミスタードーナツ加盟店の多くは、ダンキンドーナツの店舗になることに同意したが、一部の加盟店は共同で新たなチェーン、ドーナツコネクションを立ちあげた。ライアンズ社自体は１９７３年時点ですでに巨額の負債を抱えて買収されており、

客を引きつけるクリスピー・クリームのホットライト

以後30年以上にわたり幾度かの合併吸収をへて、ダンキンブランズ社は独立を回復した。同社は2011年7月、ニューヨーク証券取引所に上場した。

クリスピー・クリームもまた、社内混乱に見舞われた。1976年、同社はアメリカのコングロマリット［複合企業。多種の企業・業種を合併などにより吸収して、複数の種類の事業を多角経営する大企業］のベアトリスフーズに買収されたが、ベアトリスフーズが導入した改革をきっかけとして、1982年、ジョゼフ・マカリアー率いる一部の加盟店がレバレッジドバイアウト［買収予定の企業の資産を担保にした借入資金で行なう企業買収］を仕掛けた。こうしてクリスピー・クリームの経営は、ジョゼフとふたりの息子、マック（父親が1988年に引退したのち最高経営責任者になった）とジャック（販売マーケティング担当副社長）の手にゆだねられた。

3人がまずとりかかったのは、オリジナルレシピにもどすことだった。それが済むと、今度は顧客に目を向けた。

どうしたらクリスピー・クリーム・ドーナツが顧客にとって特別なものになるだろうか？　答えは「できたて熱々のドーナツ」だった。そこで、店舗をそれまでの「工場」スタイルからより小売店らしい雰囲気に改装し、ドーナツ製造機を目立つ場所に設置して、「ホット・ドーナツ・ナウ」という赤いネオンサインをとりつけた。そのネオンサイン（「ホットライト」）が点灯しているときはいつでも、できたてのオリジナルグレーズドドーナツが製造ラインから出てくることを客に知らせたのだ。そしてそれは現在も変わらない。熱烈なファンは、店に立ち寄ってひとつつままずにはいられないと主張する。このホットライトとできたてのドーナツの取り合わせは大成功をおさめ、このチェーン独自の強力な競争力になった。１９９５年、クリスピー・クリームははじめて南東部の外に出て、インディアナ州の州都インディアナポリスに進出し、たちまち評判となった。

１９９６年にニューヨークに最初の店舗をオープンさせる頃には、クリスピー・クリーム・ドーナツはカルト的存在になりつつあった。２００１年、同チェーンがニューヨーク証券取引所に（ＫＫＤという銘柄で）上場をはたした際には、それをドーナツチェーンらしく祝って、ウォール街にフライヤー（揚げ鍋）を用意し、道行く人々に4万個のドーナツをふるまった。ほぼ一夜にして、この質素な、ブルーカラー労働者のごちそうはたちまちクールな食べものに変貌《へんぼう》し、『セックス・アンド・ザ・シティ』のようなテレビ番組で無料宣伝されたことで企業イメージもアップした。

クリスピー・クリームは２００３年、北アメリカ以外ではじめての店舗をオーストラリアのシドーナツにオープンした。それに先立ち、鳴りもの入りで30万個のドーナツが無料で配られた。数カ月後、今度はイギリスのロンドンにある老舗高級百貨店ハロッズに店舗をオープンした。ニューステーツマン紙はのちにこう書きたてている。「いまや四輪駆動車の後部座席に、白地に緑の水玉のレトロなボックスを乗せてナイツブリッジ［ハロッズのある高級ショッピング街］から出てこないなら、あなたはただの人だ」(5)。オリジナルグレーズドを食べ終わるより速く、クリスピー・クリームブランドがヨーロッパ、アジア、オーストラリア全域に広がっていくにつれ、成功は保証されたかに思えた。しかし2004年、不正な会計処理が発覚すると売上高は下落し、はじめて営業利益が低下した。メッキははがれ、KKDの株価は2003年のおよそ50ドルという高値から、2009年にはたったの1ドルにまで下落した。

クリスピー・クリームの海外展開はそのあいだもずっと続いていた。店舗のオープンは入念に演出され、オープン初日まで広告、無料サンプルの配布、そのほかのプロモーション、口コミなど、すべてをプロデュースして人々をわくわくさせ、興奮した群衆がクリスピー・クリームの熱狂にどうしても加わりたいと思うように仕向けるのだ。2006年12月、東京に1号店がオープンする頃には、前評判で90分待ちの行列ができた。2009年、ドゥバイに開店した翌日、ガルフニューズ紙にこんな見出しがおどった。「ドーナツがスイスのエース、フェデラーを食う」。これは、ドゥバイテニススタジアムでフェデラー選手の試合開始を待っていたファンが、クリスピー・クリームの無料サンプルを食べていたことを揶揄《やゆ》したものだ(6)。いっぽう2013年10月、シンガポールの

1号店のオープンでは、200人のファンが開店の記念品——オリジナルグレーズドドーナツ毎週1ダースが1年間無料——を手に入れようと前の晩から行列をつくっていた。

しかし事業拡大はときにやりすぎになることもあった。オーストラリア部門は、クリスピー・クリームと、現地の名の知れた会社との共同事業だったが、この会社は2010年に破産申請した。クリスピー・クリームの歴史をまとめた、カーク・カザニアンとエイミー・ジョイナーの『生地をこねて——クリスピー・クリームの甘い成功の12の秘訣 *Making Dough: The 12 Secret Ingredients of Krispy Kream's Sweet Success*』(2004年)[「生地をこねる(Making Dough)」には「お金をもうける」の意味もある]には、同社の基本的価値観がくわしく述べられている。にもかかわらず、ときどき経営陣はそのうちのふたつをなおざりにしてきた。それは、「ビジネスパートナーは注意深く選ぶ」と「考えは大きく、成長は慎重に」である。クリスピー・クリームはともかくも生き残り(オーストラリアもふくめ)、株価が再び上昇したのは、経営陣がこの「秘訣」をつねに忘れることなく、息の長い製品をつくっていこうと気持ちをあらたにしたためだろう。

こうした試練を乗り越えて、アメリカのふたつの大手ドーナツチェーンはさらなる事業拡大を計画しており、そのなかにはかなり野心的なものもある。ダンキンドーナツは、2013年後半時点での1万800店から、1万5000店へ店舗数を世界的に拡大する計画だが、その一環として2015年、カリフォルニア州だけで最終的に1000店を予定しているうちの1号店をオープンさせる。クリスピー・クリームもまた、野心的な海外進出計画を継続するいっぽう、アメリカ西部へも手を伸ばそうとしている。同チェーンは現在、サウジアラビアだけで100店舗を展開し、さらにコロンビアを皮切りに南アメリカにも進出をもくろんでいる。しかしこのふたつのチェーンをこんなふうに語ってしまうと、両者のちがいが正しく伝わらない。ダンキンドーナツのほうがはるかに事業規模が大きいようで、店舗数がクリスピー・クリームの800店に対し、1万800店である。ただしクリスピー・クリームの店舗の大半は、実質的には工場店舗で、同社はガソリンスタンドや、スーパーなどの小売店にある多数の売店からの売り上げにたよっている。収益の90パーセント近くがドーナツの売り上げによるクリスピー・クリームは、ダンキンドーナツよりドーナツビジネスにはるかに力を入れている。それに対しダンキンドーナツは、収益の60パーセント以上を、コーヒーを主力とする飲料の売り上げから確保しており、そのためクリスピー・クリームではなく、スターバックスを主要なライバル会社とみなしている。

●チェーン店対小規模店

ドーナツチェーンのこのような事業拡大は、アメリカ文化の帝国主義の勝利だと考える人もいるかもしれない。これに批判的な人々にとっては、こうしたチェーンは、大量生産された食品によって郷土料理がそこなわれているという問題全体を象徴するもののように見える――「物質文明の典型例」どころか、文化の重要性をめぐる白熱した議論においてもやり玉に挙げられているのだ。

だが実際は、それとはちょっとちがっている。ますます多くの人々が、アメリカのファストフード店が体現するものに心地よさを感じるようになっている。ほかのファストフードチェーンと同様に、ドーナツチェーンが人々を引きつけるのは、必要とされる最低レベルの味、家族みんなで楽しめる料理、安全で清潔で信頼できる魅力的な価格の食品を提供しているからなのだ。世界中の顧客にとってドーナツチェーンは、顧客自身の文化遺産にとって代わるものではなく、そこにつけ加えられるきわめて重要なものになったのである。

しかしさらなる海外進出（帝国主義であろうとなかろうと）をはばむ障壁を甘く見てはならない。アメリカ国内でさえ、成功している個人経営店や地元チェーンが前に立ちはだかっており、これまでも大手チェーンを出し抜いて、ウィンチェルズ［西部に展開したアメリカ最大手のドーナツチェーン］などをたんなる過去の思い出にしている。ほかの国の人々には、こうした個人経営店はアメリカ帝国主義の別の側面を体現しているように見えるかもしれない。「チャンスにあふれる国」アメリカでは、一生懸命働く覚悟さえあれば誰にでも豊かな暮らしが手に入るという、いわゆる「アメリカンドリーム」である。多くの個人経営店がほしいままにしている成功は、このアメリカンドリームがまだ健在であることの証しでもあるのだ。

とりわけカリフォルニアには個人経営店が多く、ロサンゼルスだけで何百ものドーナツ店があり、その多くが何十年にもわたり営業している。ロサンゼルスのドーナツ店の多くは、ポルポト政権の迫害を生きのび、最終的にこの都市に定住したカンボジア人が経営している。悲劇的な歴史を共有することで結束するそのコミュニティは、多くの人にドーナツビジネスをはじめる手助けをしている。たとえば、すでに数店舗所有しているおじが、親戚の若者に融資や助言、人脈を世話して開業できるようにしてやるといったように、これがずっとくりかえされているのだ。利益率は低いが開業費は比較的かからないので、長時間労働もいとわず、地元コミュニティと良好な関係を築く心づもりのある家族なら、成功することができる。

ロサンゼルスの人通りの多いサンタモニカ大通りにある「DKドーナツ&ベーカリー」はその好例だが、個人経営店の多くはカンボジア人の国外離散のずっと以前から営業している。サンディエゴフリーウェイとその出入道路（出口ランプ）に囲まれたように立つ小さなこぢんまりとした店「ミスター&ミセス・プリモ」は、1956年からこの方、おいしいドーナツをとりそろえて常連客を迎えている。「ボブズコーヒー&ドーナツ」は、この都市の農産物直売所だった場所で1970年から営業しており、そこから数十歩離れたところには、創業75年のデュパーズレストラン&ベーカリーがある。グレンドーラでは、ルート66［旧国道66号線］を車で1時間ほど行ったところで、40年にわたり「ドーナツマン」が24時間営業で学生や旅行者にドーナツを出している。

こうしたドーナツ店やほかの多くのドーナツ店は、ダンキンドーナツやクリスピー・クリームのような大手チェーンが西部に進出しても閉店に追いこまれることなく、これまで同様、ずっと生き残っていくだろう。状況はほかでも同じだ。1971年からヴァンクーヴァー、グランヴィルアイランドの市場で営業している「リーズドーナツ」や、1827年からあるロンドンの「ダンズ」のような、何十年も忠実な顧客をつかんで離さない個人経営店は、地元コミュニティとゆるぎない

1827年からノースロンドンの同じ場所で営業するダンズベーカリー。ドーナツは、エクルズケーキ［干しブドウなどがつまった丸い焼き菓子］やベークウェルタルト［ジャムを塗ったタルト生地の上にアーモンド風味のスポンジケーキをのせたパイ］と肩を並べて陳列されている。

関係を築いており、チェーンから多くの制約を課されることなく経営を行なうことができる。ただし、生き残れるかどうかは最終的に自分たちの製品にかかっている。

典型的なアメリカの大手チェーンの影響もあって、人々はやはりおいしいドーナツが大好きだ。しかしアメリカの大手チェーンは国内でさえ、市場を独占できているわけではない。ドーナツはアメリカで消費されるすべてのペストリーのなかでも群を抜いて人気のあるもので、2013年の売上高はおよそ30億ドルにのぼるが、クリスピー・クリームのドーナツだけの年間収益は約4億2000万ドルと公表されており、ダンキンドーナツも同程度と推定される。ということは、このふたつの大手チェーンが占める割合は全体の3分の1にも満たないことになる。個人経営店と小規模チェーンの焼きたてドーナツの売上高は、ふたつの大手チェーンの売上高の合計と、そしてスーパーやコンビニエンスストアの包装されたドーナツの売上高と互角なのである。

ドーナツにはそのほかの流通経路も食いこんできており、それはなにも北アメリカだけの話ではない。スーパーはドーナツの選択肢を増やしていて、ケーキ売り場、冷凍食品売り場、できたてを提供する店内のデリカテッセン（惣菜販売店）、さらにはレジの目立つ場所にもドーナツを陳列している。イギリスでは最近、自動販売機が登場して、わずか45秒でできたてのミニドーナツがカップに入って出てくる。おまけに、インターネット上の流通経路もある。アマゾン・ドット・コムが手掛ける生鮮食料品のネット宅配部門「アマゾンフレッシュ」は2007年にシアトルでサービスを開始し、それには地元の小規模チェーン「トップポットドーナツ」の顧客が多く住む地域もふくまれている。

●ドーナツ悪者説は正しいか？

アメリカ帝国主義を批判する人々にいわせれば、戦いは肥満、栄養価、健康、文化をめぐって世界中で激化しているという。ドーナツはこの戦いにおいて不本意ながら、まぎれもないアメリカのイメージキャラクターになっており、「健康に悪い」食べものの典型として悪者扱いされることが多い。どんなに抵抗したところで、せいぜい「エンプティカロリー［栄養価をまったく、あるいはほとんどふくまない食品」」どまりである。

この脅威に対する懸念は、２００３年10月、クリスピー・クリームがスコットランドに進出する計画を発表した際、エディンバラ・イヴニングニューズ紙上ではっきりと表明された。また、エディンバラを拠点とする別のコラムニストは、スコットランド・オン・サンデー紙で、アメリカの「カロリー植民地主義[7]」の拡大によって、地元住民の胴周りに悲惨な結果がもたらされると警告している。

しかしこうした懸念など一般市民はどこ吹く風で、クリスピー・クリームのエディンバラ1号店のオープンには、かつてないほどの交通渋滞が起こった。ポール・マリンズはこの文化の隔たりを著書『グレーズド・アメリカ *Glazed America*』（２００８年）の中で認め、ドーナツは「広く消費され、熱狂的な擁護者がいるにもかかわらず、きびしい批判の的」になっていると説明している。だがドーナツを悪者扱いすることは、ファストフードに対する社会全体の懸念への対応としてはあまりにも単純すぎる。

『ザ・シンプソンズ』のホーマーをアリストテレスがいうところの高潔な人物だと思う人はまずいないだろうが――彼は偏見に満ち満ち、他人を批判するのが大好きで、自分の健康など気にもとめていない――そのバイタリティには賞賛すべきものがある。極端といえるほどのホーマーの自分の健康への無関心とドーナツに対する欲求は、たしかに興味をそそられる。アリストテレスは、行きすぎた快楽への耽溺《たんでき》は生命をおびやかし、人を不幸にすると主張している。しかし同時に、拒みつづけるのもひとしく生命に危険をおよぼすとし、高潔な人生にはその場にふさわしいバランスと節度が必要だと説いている。

適度な量のバランスのとれた食事を勧めるヘルスケアの専門家の言い分はよくわかる気がするが、消費者はほかの多くの情報源からしばしば相反するメッセージを浴びせられている。メディア、大手食品メーカー、さまざまな食事療法を勧める業者が、消費者に食べることとダイエットしてやせることの両方、あるいは食べれば幸福になれると、よってたかって熱心に勧めてくる。このことは、アリストテレスの説くバランスや節度について私たちがほとんど考えていないということを示す証拠であろう。バランスや節度といったものは、飽食あるいは極端なダイエットのせいでわきに追いやられており、実際、もっと一般的には、お金をもうけることや、反抗心、増大する日々のストレスや不安への対応などとも相容れないように思える。現代の状況では、かつてなかったほど、自制心を働かせることがますます求められているのだ。

アメリカでは、健康的な食事への関心はいまはじまったことではない。初期のピューリタンの食べものに対する姿勢は、早くも1830年には多くの自称改革論者に影響を与えていた。大恐慌のときにはやせていることが流行し、さまざまな疑似科学的な主張が、それを推進する食事療法と医者を味方につけて続々と生みだされた。メーカーもすぐに、医者の太鼓判があれば自社製品の信用がぐんとアップすることに気がついた。J・ハワード・クラム博士のドーナツダイエットの広告が、多くの人気のある雑誌に登場した。『美と健康 *Beauty and Health*』（1941年）の著者であるクラム博士はこう主張した。「ダイエットが楽に続けられます。おいしいドーナツがあなたに日々必要なエネルギーを補給してくれるからです」

J・H・ティルデン博士は著書『実用的な料理書 *Practical Cookbook*』（1926年）の中で満足げに語っている。「あなたはいま『どのドーナツならいいのか』とお考えになっている。当然の疑問です。ならばここにご紹介するレシピをお使いください。脂をさほど吸収しないことまちがいなしの、私が最善と信じるドーナツがつくれます」。ただしティルデン博士は、ドーナツは「めったに」それも「一度にあまりたくさん」食べないように助言しており、これを守れるなら、たぶんレシピそのものよりも助言のほうが役に立っただろうが。

1990年代には、1960年代のカウンターカルチャー［対抗文化。反体制文化。体制的価値基準や慣習などに反抗する若者文化］の影響を受けた、食物にかんする新たな道徳的考察が流行し、「オーガニック（有機栽培）」「天然」「遺伝子組み換えでない」「地元産」といったラベルがはられた食品の需要が高まった。すべては、一部の人々が別の形のアメリカ文化の帝国主義とみなす、拡大するグローバリゼーションへのアンチテーゼ［否定的主張］だった。この流行の波は弱まることなく、最近になって動物の権利やフェアトレード［公正貿易。途上国の生産物を公正な価格で取引し、不当な搾取を受けている生産者を支援するとり組み］への関心、健康や身体イメージ、アレルゲン［アレルギーを引き起こす可能性のある物質］への不安も加わって、より人目を引く「ライフポリティクス［生の政治学］」が生まれた。

ドーナツ業界では、新製品はこうしたことすべてを念頭に置いてつくられている。シアトルの「マイティ・オー」が提供しているケーキドーナツとイーストドーナツの魅力的な品ぞろえには、菜食主義者や完全菜食主義者、さらには環境保護主義者が気に入りそうな、乳製品、卵、トランス脂肪酸、コレステロール、防腐剤をふくまないオーガニックドーナツもある。この会社は地元と州を越えての需要に対応するため、製造設備を2倍以上に増やした。ロサンゼルスとニューヨークの「ベイビーケークス」もまた、さまざまな食習慣をもつ顧客に合わせて、完全菜食主義者用、コーシャー［ユダヤ教の食事規定にのっとった食品］、グルテンフリー、小麦フリー、大豆フリー、カゼインフリー、卵フリー、精製糖フリーのドーナツを提供している。ただし、これらのドーナツは油で揚げるのではなく焼いているので、より正確には「ドーナツ風ケーキ」である。

このような特定の原材料の置き換えや好みは、消費者の個人的な道徳、健康、政治にかんする判断基準をもとにした選択を反映している。しかし健康問題のなかには個人の好みの域を超えるものもあり、たとえば部分水素添加植物油にふくまれるトランス脂肪酸はとりわけたちが悪い。1990年代には、トランス脂肪酸が血液中の「悪玉」コレステロール（LDL）値をあげ、「善玉」コレステロール（HDL）値を下げて、心臓疾患のリスク増加に大きく関係していることがわかったが、飽和脂肪酸でさえこれほどではないらしい。部分水素添加植物油の調理特性を当然のこととして評価してきた大手インスタント食品・スナック食品メーカーおよびチェーンを除けば、トランス脂肪酸を擁護する人々はほとんどいない。化学変化させた物質を、その安全性と栄養面での利点を疑問視され、さらに代用品も（若干の支障があるとはいえ）見つかる可能性があるにもかかわらずあえて食品に加えることは、とうてい正当化しがたいことだった。

最初の使用禁止条令は2006年にニューヨークで施行されたが、ドーナツメーカーがトランス脂肪酸に大きく依存していることを承知していた当局は、業界に18カ月の猶予を与え、さらに含有量が0・5グラム未満ならドーナツに「トランス脂肪酸フリー」と表示することを認めた。しかし大手チェーンはこの目標こそ達成したものの、トランス脂肪酸をふくまない代替油脂の一部には難があった。その多くが飽和脂肪酸を多くふくんでいたうえ、とくにパーム油は森林破壊などの環境問題を引き起こし、環境保護主義者を激怒させたのである。

メーカーはエステル交換のような、新たな製法の開発を続けていた。エステル交換とは簡単にい

第2次世界大戦中、あるふたつの研究が、ビタミンB_1（チアミン）が欠如した被験者は体がだるく無感動になり、パニックを引き起こすようになると結論づけた。アメリカドーナツ協会はこれに対し、チアミンを強化した小麦粉でドーナツをつくり、迅速に対応した。

えば、硬化油脂と液状油を化学的に混合して、融点の比較的高い、トランス脂肪酸をふくまない製品をつくりだすことをいう。食品会社が要望に応えてトランス脂肪酸をとり除くいっぽうで、いまだ解決されていない問題は、代替品がどの程度安全かということだった。新しい加工技術が健康などにおよぼす影響を明らかにする研究はいまのところほとんどない。

批判的な人々のなかには、「トランス脂肪酸フリー」のラベルが、あたかも健康によいかのような誤ったイメージを与えかねないと主張する人もいる。トランス脂肪酸の使用禁止は健康上の理由から正当化されているが、実際にはそれだけで肥満が減ることはないだろう。

こういったことすべては、結局は節度の問題なのだろう。誰も肥満を食べもののせいにすることはできない。ドーナツに健康食品というラベルをはるのが無理な話であるいっぽうで、どんな食べものであれ（水でさえ）、問題は食べすぎから生じているのだ。ほかのどのデザートもそうであるように、ドーナツはバランスのとれた食事の一部であり、とくに高品質の材料でつくられた新鮮なものならなおさらである。

アメリカンドーナツ帝国主義の新たな形は、これまで以上に目新しいものを求める、簡単には満足しない消費者によって決定されることになるのは明らかだろう。ポストモダンの哲学者ジャン・ボードリヤールにいわせると、新しいものを消費する喜びを経験することはいまや義務となり、とりわけドーナツメーカーは、それに応えなければならないというかつてないほどの重圧にさらされているという。２００５年、ダンキンドーナツは、有名レストランの店主スタン・フランケンサーラー率いる18人のシェフからなる料理改革チームを発足させ、すでに1000種類以上あるドーナツをさらに増やすことにした。新たなソーシャルメディアがこの圧力をさらに高めている。

ではここで、クロワッサンとドーナツを合体させたクロナッツについてちょっと考えてみよう。クロナッツはタイム誌の2013年の「新製品ベスト25」で、食品として唯一選ばれている。ニューヨーク市のシェフ、ドミニク・アンセルが同年5月、みずから発案したこの商標品を売りだすと、ダフ屋が1個5ドルのペストリーで40ドルから100ドルももうける騒ぎになった。クロナッツはインターネットや口コミであっという間に広まり、数週間のうちにアメリカのほかの都市だけでなく、世界中でコピー商品が現われた。

しかし現代における「経験」の矛盾《パラドックス》は、目新しいものをつくり出すことだけがプレッシャーではないことだ。このようにつねに満足せず変化を求めつづけていると、当然ながら不安感が高まるので、消費者やメディアは、慣れ親しんだものや、十分に吟味されたもの、伝統的なものに魅力を感じるようになるからだ。イギリスのセレブシェフ、ヘストン・ブルーメンタールが型破りなポテトドーナツを実際につくってみせるいっぽうで、オーストラリアのシェフで、パンケーキブームの火付け役でもあるビル・グレンジャーは、ワイト島で400年の伝統をもつドーナツについて論じている。流行のおしゃれなドーナツは昔ながらのドーナツに足りないところを補うかもしれないが、とって代わることはないだろう。

第5章◉文化としてのドーナツ

1932年7月10日、当時ニューヨーク州知事だったフランクリン・デラノ・ルーズヴェルトは、民主党の大統領候補に指名された。祝勝パーティーのテーブルには、ドーナツを盛った大皿が大量に並べられた。このパーティーをとり仕切ったのは、アメリカ史上最高のファーストレディといっていいルーズヴェルトの妻エレノアで、彼女は――自分が食べるものにはほとんど無頓着だったことで知られているが――本能的に、このようなアメリカの催しものには、当時の大恐慌時代にマッチしたアメリカの象徴的な食べものが必要だとわかっていたのだろう。10年後の第2次世界大戦中には、エレノアはアメリカ軍慰問団のヨーロッパ巡回に参加し、「ボーイズ（兵士たち）」に嬉々としてコーヒーとドーナツを配った。

ドーナツは当時もいまと同様に、アメリカのありとあらゆる文化的な催し――祝典、集会、スポーツ行事、資金集めのパーティー――に欠かせないもので、こうした行事をドーナツと同じくらいア

フランクリン・ルーズヴェルトが民主党大統領候補に指名されたことを祝うパーティーで、ドーナツを配る妻のエレノア・ルーズヴェルト。1932年、ニューヨーク、ハイドパーク。

メリカ的なものにするのに役立った。すでにおわかりのように、地域、国ごとに数えきれないほどの種類があるこの質素な食べものは、歴史的な影響によって程度の差こそあれ、ほかの文化にも根を下ろしている。

今日ドーナツに結びつけられる不名誉の多くは、ポール・マリンズの言葉を借りれば、「多くの人々がドーナツにかんしてもっとも大切にしていることを知らず知らずに侮辱して」おり、「ドーナツをそもそも非常に重要なものにしている根本的な事柄から目をそむけている」という[1]。ドーナツは重要でないどころか、実際には私たちの社会的・文化的生活、公共の場、特別な日といったものに深く結びついているのだ。

●ドーナツとサバイバル

第２次世界大戦中にアジアで拘束されていた

アメリカの戦争捕虜は、特別な日や祭日のごちそうをくりかえしなつかしく思いだしながら、故郷や家族、大好きな食べもののことを考えてつらい日々をもちこたえた。

2000年に開催された「食物と料理にかんするオックスフォードシンポジウム」で配布された資料には、戦争捕虜だったジョン・M・クックがみずからの体験を語った手記が掲載されていた。そこには、ひどい栄養失調におちいっていたアメリカ兵捕虜が、マニラの爆撃された倉庫に移され、またとない機会に恵まれた顛末《てんまつ》が事細かに記されていた。捕虜たちは幸運にも、倉庫の床にこぼれていた小麦粉を拾い集めることを許されたのだ。本物の食物はもちろん、心にも栄養を必要としていた捕虜は、ドーナツをつくろうと思いたった。必死に知恵を働かせて砂糖の代用品をつくりだし、醗酵米を膨張剤にしたが、そのときのことをクックはこう回想している。

すべて順調にいき、いかにもドーナツ生地らしい匂いと味になった……翌朝から調理をはじめ、空き缶でドーナツの型を抜き、きれいに洗った直腸鏡で真ん中に穴をあけた。とにかく、間に合わせのもので急場をしのがなければならなかった。(2)

残念ながら、小麦粉に焼き石こうの粉末が混じっていたため、クックたちはドーナツを食べることはできなかった。

サバイバルの体験談には、食べものの思い出に力づけられ、そのおかげで耐え抜くことができたという話が多い。1917年、イギリスの南極探検家アーネスト・シャクルトンのエンデュアランス号の乗組員が南極で救助を待っていたとき、写真家のフランク・ハーレーは食べものについて話しあう声を耳にした。食べものの話をえんえんとしつづけることで、文明から隔絶された地の果てでの耐えがたい孤立感が多少ともやわらぐのだった。


「ドーナツは好きか?」ワイルドが尋ねた。

「かなりね」とマッキルロイの答え。

「作り方は簡単なんだよ」ワイルドは言い、「冷たいのにジャムをつけて食べるのがいいね」と続けた。(3)〔『エンデュアランス――史上最強のリーダーシャクルトンとその仲間はいかにして生還したか』アルフレッド・レンシング著、山本光伸訳、パンローリング株式会社〕

◉ドーナツと文学

ある食べものには、科学者が「不随意記憶」と呼ぶ、過去を呼びさます不思議な能力があり、この概念は、フランスの小説家マルセル・プルーストの『失われた時を求めて』(1913~27年)にみごとに表現されている。主人公は訪れた母親の家で、ぼんやりとマドレーヌ(貝殻形の型に入れて焼いた小さなケーキ)を紅茶に浸す。

すると突然、想い出が私に立ちあらわれた。その味覚は、マドレーヌの小さなかけらの味で、コンブレーで日曜の朝……おはようを言いにレオニ叔母の部屋に行くと、叔母はそのマドレーヌを紅茶やシナノキの花のハーブティーに浸して私に出してくれたのである。……それが叔母が私に出してくれたシナノキの花のハーブティーに浸けたマドレーヌのかけらの味だとわかったとたん……たちまち……灰色の古い家が芝居の舞台装置のようにあらわれ……。［吉川一義訳、岩波書店］

食べものには不快な記憶やほろ苦い記憶、ときにつらい記憶さえ呼び起こすものもあるが、ドーナツは（アイスクリームやケーキのように）とりわけ心地よい記憶を呼びさます。昔からこの「心地のよい」食べものは個人と集団両方のアイデンティティを象徴するものであり、そのことは芸術、とくに文学において表現されている。

ハリエット・ビーチャー・ストウの小説では、ドーナツがよくコンフォートフードとして登場する。『オールドタウンの人々 *Oldtown Folks*』（１８６９年）では、幼いヒロインがひどくぶたれたあと、「ベッドに起きあがり、はれあがって涙の跡が残る顔を見せると、ソル〔心やさしい使用人〕がささやいた。『ドーナツを1個とっておいてあげたよ』」

かなりの数の児童書にドーナツが登場するが、それはおそらくこのごちそうが子供時代の楽しい記憶にいつまでも結びついているからだろう。アメリカの絵本作家ロバート・マックロスキーの『ゆ

ドーナツを題材にした児童書の数々

かいなホーマーくん』（1943年）〔石井桃子訳、岩波書店〕では、主人公の少年がおじさんの自動ドーナツ製造機のスイッチを入れたところ、どういうわけか製造機が止まらなくなり、ドーナツが「あとからあとから、いつまでも出てくる」。この作品は名作と評価され、1963年には短編映画『ドーナツ *The Doughnuts*』が製作され、1977年にはテレビ番組にもなっている。

もっと最近では、アメリカの作家ジャネット・イヴァノヴィッチが、ちょっとしたドーナツにまつわる知恵、心地よさ、哲学といったものを作品にうまくとり入れている。『やっつけ仕事で八方ふさがり』（2002年）〔細美遥子訳、扶桑社〕のヒロインはこういい放つ。「人生なんてジェリー〔ジャム〕ドーナツみたいなもの。かぶりつくまでは何が入っているかわからないし、食べてみておいしいと思ったとたん、いちばんいいTシャツにべったりジャムをこぼしている」。ジェシカ・ベックのドーナツ事件簿シリーズには、『人殺しのクルーラー *Killer Crullers*』『不法にアイシングをかけて *Illegally*

Iced』『死のドーナツ *Deadly Donut*』といったタイトルの作品がある。

また一部の人々からアメリカジャーナリズムの「ビート詩人〔もともとは1950年代にアメリカ、カリフォルニアを中心に現れた詩人たちを指す。伝統的な慣習を拒否し、自然な思考や感情を口語表現による実験的な形で表現しようとした〕」と呼ばれるマイク・セイジャーは、アメリカ人の最良の部分と最悪の部分をテーマにした痛烈な作品を書いており、著書に『ドーナツボーイズの復讐――欲望、名声、サバイバル、多重人格の実話 *Revenge of the Donut Boys: True Stories of Lust, Fame, Survival and Multiple Personality*』（2007年）がある。

小説で人気なのにくわえ、ドーナツは重役会議室でも存在感を確立しており、ジュディス・ボウマンの、求職者と新入社員向けの『最後のドーナツを食べてはいけない――ビジネスエチケットの新ルール *Don't Take the Last Donut: New Rules of Business Etiquette*』（2009年）や、デイヴィッド・パールの『ドーナツはあるか？　一度にひとつのミーティングでビジネス革命を起こす *Will there be Donuts? Start a Business Revolution One Meeting at a Time*』（2013年）のようなビジネス書のタイトルにたとえ《メタファー》として使われている。

◉ドーナツと映画

ハリウッドは昔からドーナツを「食べていた」。ジョン・ウェイン主演、ジョン・フォード監督のアメリカ西部劇映画の傑作『捜索者』（1956年）では、入植者のマーサが、家にやってきた警備隊にドーナツをふるまって喜ばれる。マイク・ニコルズ監督の『パーフェクト・カップル』（１９９８年）では、ジョン・トラヴォルタ演じる主人公がクリスピー・クリームのドーナツを大食いし、またゲイリー・ロス監督の『カラー・オブ・ハート』（１９９８年）では、「カラー（色）」［映画はモノクロの世界が舞台で、カラー（色）は新しい価値観を象徴］を知ったジェフ・ダニエルズ演じるダイナー［簡易食堂］のマスターが、ドーナツの静物画を描く。

ヴァンパイア映画『血とドーナツ Blood and Donuts』（１９９５年）は、物騒な界隈で繰り広げられるヴァンパイアとドーナツとチンピラの身の毛もよだつ物語で、ドーナツ店が安全な避難場所として登場している。またジョン・ファヴロー監督の『アイアンマン２』では、ロサンゼルスで、パーティではめをはずして二日酔いの主人公が、次の朝ランディーズドーナツに行っていた。

この24時間営業のオアシスは１９５２年から元気を回復できる安らぎの場を提供しており、うらやむほど多くの映画のクレジットに名を連ねている。『２０１２』（２００９年）では、ランディーズドーナツの看板である巨大なドーナツが地面の裂け目に向かって転がっていく。ほかにも『ボクの彼女は地球人』（１９８８年）や『Monster 悪魔のような女たち』（２０１２年）などに登場している。

ドーナツ店を舞台にした長編映画はまだないが、芝居はある。トレーシー・レッツは、ピュリッツァー賞を受賞した戯曲『8月――オセージ郡 August: Osage County』（２００７年）に続いて、『シュペリオール・ドーナツ』（２００８年）を書いている。主人公のアーサー・プシビシェフスキー

ドーナツダンキングは恥ずかしいことではないとアピールする、社交界の名士でゴシップ欄担当執筆者のエルサ・マクスウェル。1941年。

はくたびれた59歳のポーランド人で、シカゴのアップタウンにある自分のさびれたドーナツ店にうんざりしている。ある日彼は、やる気はあるが問題を抱えたアフリカ系アメリカ人の青年フランコ・ウィックスを雇う。だがウィックスは店を繁盛させるとんでもないアイディアをもっていた。

映画『或る夜の出来事』（1934年）では、クラーク・ゲーブルがクローデット・コルベールにドーナツの浸し方（ダンキング）のコツを指南している。ダンキングは昔からのドーナツの知恵で、ハリウッド映画とスターがその普及に大いに貢献した。

1948年、ウィリアム・ローゼンバーグは開店したばかりの自分のレストランの名前「オープンケトル」が気に入らなかった。そして「ドーナツですることといえば――そうだ、コーヒーに浸すことだ！」と思いつき、1950年、名前をダンキンドーナツに変更した。ダンキングの科学的根拠は、物理学者レン・フィッシャーが著書『ドーナツの浸し方――日常生活の科学 *How to Dunk a Doughnut: The Science of Everyday Life*』（2002年）の中で指摘している。

ダンキング好きのイギリス人に最適なビスケットは何かを研究した結果、フィッシャーは、ドーナツのほうがはるかにダンキングに向いていると結論づけた。実際、ダンキング向けにつくられたのかもしれない。小麦粉のタンパク質が水分と混ざると、グルテンというタンパク質が網の目構造をつくって生地を支えるため、液体を吸収してもくずれないのだ。ビスケットやクッキーを浸して食べるのとはちがい、ドーナツの場合は飲みものから口までゆっくり運ぶことができる。アメリカ南北戦争の兵士が軍用食の堅パンを食べるしかなかったことを考えれば、ダンキングが凍ったり硬

サーンアバスの巨人［イギリス、ドーセット州にあるチョーク土壌の丘にきざまれた棍棒をもった巨人像］と並ぶホーマー・シンプソン。この像は期間限定で、2007年の映画『ザ・シンプソンズ・ムービー』のイギリス公開を宣伝したもの。

くなったりしたドーナツをやわらかくする便利な方法だとわかるだろう。硬くなっていようができたてだろうが、コーヒーとドーナツの組み合わせには砂糖とカフェインがたっぷりふくまれている。ペンシルベニアダッチはこのことをよくわかっていたので、お気に入りの朝食はいまも昔も、ドーナツをくだいて熱いコーヒーに入れたコーヒーブロクル（「コーヒースープ」）だ。

その後、テレビと映画両方のスター、ホーマー・シンプソンが登場する。１９８７年にテレビシリーズ『ザ・シンプソンズ』で初登場して以来、ホーマーはもっとも影響力のある架空のテレビキャラクターのひとりになった。ビールとドーナツをこよなく愛する衝動的なホーマーは、その両方を際限なくむさぼってはこう叫ぶ。「悪いドーナツなんてない」。第86話「ハロウィーン・スペシャルⅣ」（１９９３年）のショートストーリー「悪魔とホーマー・シンプソン」では、ホーマーがドーナツとひきかえに悪魔に魂を売り、「皮肉なお仕置き研究室」に閉じこめられる。第515話『目指せ、クールダディー』（2012年）では、クールな夫婦テレンスとエミリーが、これまた小学生にしてはクールすぎる息子と、乳児の娘を連れ、「デビルドーナツ」を売るドーナツトラックとともにポートランドからスプリングフィールドに引っ越してくる。

デビルドーナツは明らかに、ポートランドのブードゥードーナツからヒントに得たものだろう。これをきっかけに、スプリングフィールドはヒップスター［個性的で奇抜な格好をし、流行に敏感で、独自の価値体系をもつ若者のこと］のメッカになり、農産物の直売所やフードトラック［移動式屋台］であふれるが、ホーマーにとって幸いなことに、「クール」な侵略はやってきたのと同じぐらいあわただしく去っていく。

●象徴としてのドーナツ

大量消費の陰の部分に注目している現代の芸術家の多くは、この大衆文化の魅力的なアイテムを批判的に描いている。ニューイングランドのアーティスト、エミリー・エヴェリスの高価で、しばしば特大のドーナツの絵は、ギザギザの切りこみからどろりと深紅のフィリングが流れでているものが多い。だがこれが暗示しているのは洗練された暴力や欲望ではなく、豊かさの道徳的ジレンマ、あるいは歴史家のハーヴィー・レーヴェンシュタインがいった「豊かさの矛盾《パラドックス》」である。エヴェリスの作品は食物関連の雑誌ガストロノミカ誌の表紙を飾っているほか、大手ギャラリーに展示され、漫画にもとりあげられている。エヴェリスはドーナツの魅力についてこう説明している。

最初に私が引かれたのは、実物より大きく描くことで絵にそなわる皮肉《アイロニー》だった。アメリカ消費文化の象徴として、ドーナツはどこにでもある（24時間営業の小さな店でほかに何を探すだろう？）と同時に、どことなくちょっとこっけいでもある。(4)

サンフランシスコのアーティスト、エリック・ジョイナーの絵は、消費をもっと風刺的な視点で表現している。ジョイナーは宇宙空間にロボットがいる絵を好んで描いていたが、ロボットには戦う敵が必要だと気づき、映画『カラー・オブ・ハート』でジェフ・ダニエルズがドーナツを描いているのを観て、これだと思った。ジョイナーはロボットのいかにも場ちがいなイメージを利用し、ドーナツと戦わせたりからませたりして、私たちがよく知っている心地よい世界に異議をとなえている。一見たわいなく見えるが、ドーナツをピンクの（パンドラの）箱につめて悪の典型として表現するなど、そこからは、哲学的意味においては人生なんて大体がばかげたものだという画家の考えが伝わってくる。

ドーナツのシンボリズム（象徴的意味）は広く浸透している。食べものとして、ドーナツは具体的な意味においても、抽象的な意味——円と輪という普遍的なテーマを生みだすメタファー——においてもユニークである。モノや行動がドーナツにたとえて表現されると、すぐにイメージできる。

エリック・ジョイナー「パンドラの箱」(2009年)

たとえば、「ドーナツしている（ドリフトしている）」スタントドライバーなどは好例だろう。アメリカの医療制度では、高齢者の薬代が保険の補償範囲を超過すると、「ドーナツの穴に落ちている」という表現をする。

トポロジスト［トポロジー（位相幾何学）研究家］にとっては、リングドーナツはトロイド（「トーラス（円環面）」のような形状）だ。数学者のマイケル・ギリェンは著書『無限への架け橋 *Bridges to Infinity*』（1983年）の中で、ドーナツを例にして「位相同型」の概念を説明している。ギリェンによれば、ドーナツとコーヒーマグは、穴がひとつあるという共通の特徴をもつ限りにおいて、位相同型（同相）であるという。

ドーナツマニアを対象にしたオリジナルポスターや、アメリカドーナツ協会（DCA）の年代物の料理本、昔のドーナツ型、はてはアンティークの自動ドーナツ製造機にいたるまでドーナツグッズの市場が急成長している。インターネットや店で手に入るドーナツグッズの急増は、最近のドーナツ人気の高まりを反映している。あらゆる種類のアイテムがデザイナーものからキッチュなものまで幅広くあり、それには宝飾品類、ラッピングペーパー（包装紙）、おもしろカード、マグ、エプロン、クッション、Tシャツ、プールで使うドーナツ形の浮輪のほか、おびただしい数のホーマー・シンプソングッズがある。

ほとんどのドーナツ店は「ドーナツ文化」を、本物にしろイメージにしろ、建物の外観から内装、看板にいたるまで表現しようと努める。なかには独特の雰囲気をかもしだしている店もあるが、そ

国際熱核融合実験炉［イーター（IETR)］の模型。この装置は、研究者が「ドーナツ」と呼ぶトーラス形状の磁場方式をもつトカマク型を採用している。

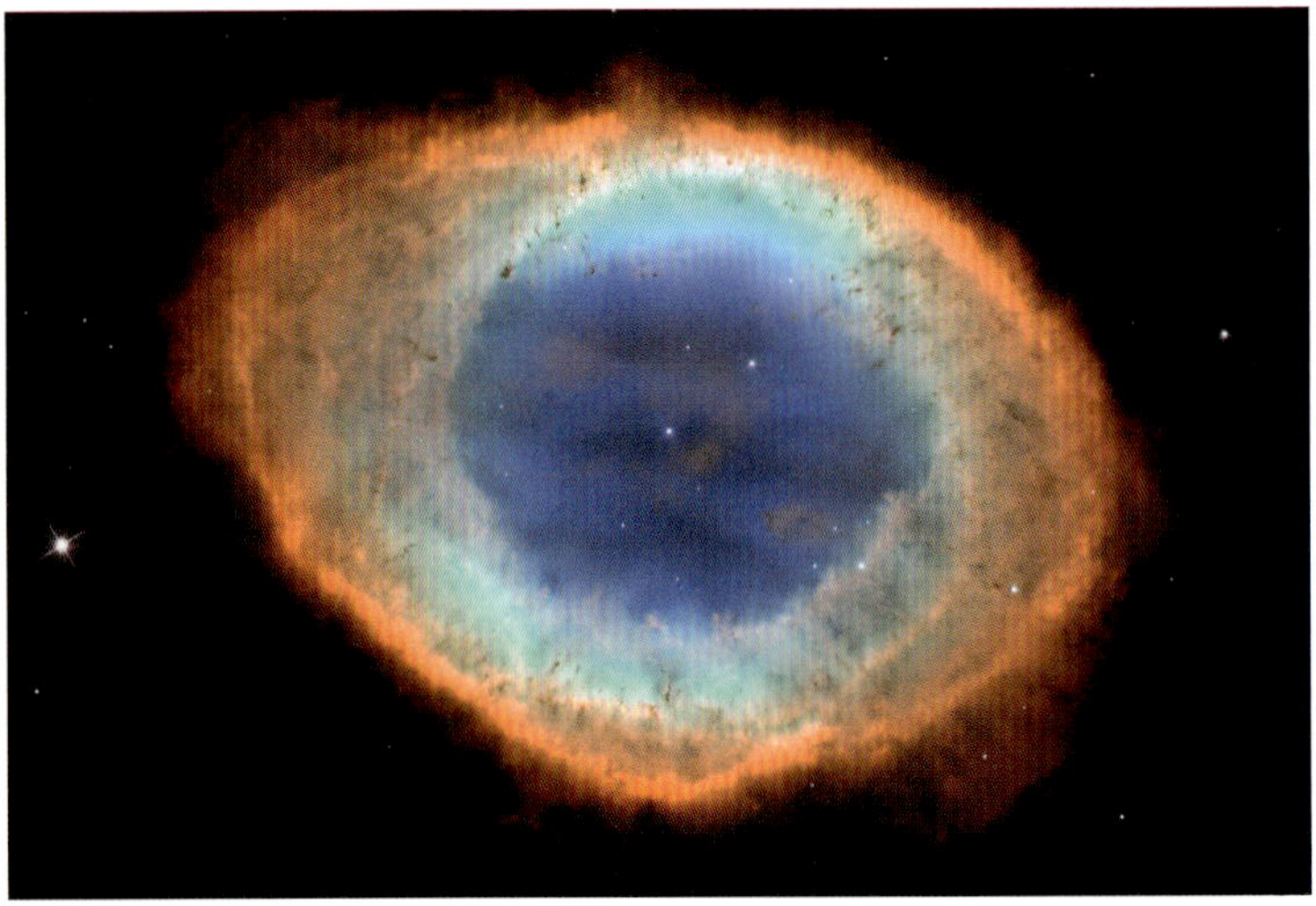

琴座のリング（環状）星雲はリングドーナツに似ていると考えられていたが、最近の画像から、中央部は高温のガスで満たされていることが明らかになっている。

れはたんに何十年もその場所で営業しつづけていて、たとえ近隣地域が大きく変化しても（必ずしもよくなるとは限らないが）、深夜にやってくる騒々しい酔客や学生といった常連客にしっかり支えられているからなのだ。

あらたに開業する店は、意識的にレトロな外観や雰囲気にして客の感傷を誘ったり、簡素で飾り気のないモダンな店構えにしたり、あるいはことさらキッチュな感じをとり入れたりしている。さらに、サラリーマン受けをねらってより洗練された雰囲気づくりを追究している店もある。その対極にあるのがチェーン店で、店のイメージは世界中どこであろうとすぐにそれとわかるように、本社でつくりあげられている。

●ドーナツと祝祭

では芸術と文化から離れて、今度は世界的に見た、とくにアメリカ以外の地域におけるドーナツのおもな役割についてみていこう。さまざまな種類のドーナツが昔から儀礼的な祝賀で食べられているが、なかでももっとも身近なのが、宗教的暦に数多くある祝祭や聖人の日だ。ダンキンドーナツやクリスピー・クリームの店舗があるにもかかわらず、こうした行事では地元名物の伝統的なドーナツがいまも群を抜いて人気が高い。

教会暦［キリスト教の暦］では、灰の水曜日から40日におよぶ四旬節の断食期間がはじまるが、この前に謝肉祭（カーニバル carne vale「肉よ、さようなら」の意）の祝宴と催しがあり、これはマルディグラ（告解火曜日または肥沃な火曜日）で最終日を迎える。この断食と謝肉祭のお祝いとの対比は、ピーテル・ブリューゲル（父）の16世紀後期の絵画「謝肉祭と四旬節の喧嘩」にみごとな説得力をもって描かれている。

謝肉祭のドーナツはとりわけドイツ南部、ヴェネツィア、ウィーンで好まれ、これらの地域では、肥沃な火曜日（ファッシング［南ドイツ・オーストリアの謝肉祭］の最終日）にクラップフェンが山ほど出される。ポーランド、ドイツ、イタリアには数えきれないくらいの種類のボール形や、ジャム、ジェリー［ジャムの一種］、クリームをつめた円盤形のフライドドウがあり、ほとんどが一年中手に入るが、謝肉祭のお祝いの期間中はいたるところで見られる。

昔はフライドドウのようなごちそうが少なかったので、ほかの祝祭やお祝いもしだいにフライドドウを楽しむ格好の口実になっていった。そうした祝祭に聖霊降臨祭（ウィットサン、ペンテコステ）があり、これはヨーロッパ各地で祝われる初夏の祭りで、メイポール［彩色して花やリボンなどで飾った柱。五月祭に先端部にくくられたテープをもって回りながら踊る］が飾られ、モリスダンス［イギリス起源の民族舞踊。足に鈴をつけた男性が仮装して踊る］が披露され、慈善市が開かれる。中央ヨーロッパの地方の村や町では毎年、祝宴の最後に豚をつぶす。これはいまも一部の地域では重要な行事で、祝宴のしめくくりにはドーナツをはじめ、さまざまな甘い食べものがずらりと並べられる。

ハンガリーでは、伝統的にウィットキングが好きなだけ食べてよい権利をもち、ハンガリー西部（この地域は昔からトランスダヌビアと呼ばれている）では、小さなウィットクイーンと従者がド

携帯式のフライヤー（揚げ鍋）をもったヴェネツィアのフリートレ売り。1900年頃。

アをノックすると、クリームと卵をぜいたくに加えたドーナツがもらえた。19世紀にアシュケナジ［ドイツ・ポーランド・ロシア系ユダヤ人］がハヌカに食べたジャムをつめたスフガニヤは、イスラエルのテルアヴィヴでは一年を通じて大人気だが、ハヌカの時期にもっともよく食べられる。

イタリアと地中海周辺地域ではいまも昔も、フリッテッレが好まれている。このフライドドウは、醗酵させた生地でもそうでない生地でも、注文に応じて無数にいるフリッジトリーア［露天の揚げもの屋］が揚げてくれる。あらゆる種類のドーナツ――チャンベッラ、ボンボローニ、北部のクラップフェン――がイタリアではいつでもよく食べ

ラマダンドーナツを宣伝するパキスタンの広告

られているが、ゼッポレは3月のサンジュゼッペ（聖ヨゼフ）の日のお祝いに昔から欠かせない。ゼッポレの多くはシュー生地でつくるフリッターだが、イースト生地を使うものもある。

一部の地域ではかつて、待降節［クリスマスまでの準備の期間］に、四旬節のように40日間断食し、キリストの降臨を待つ習慣があったが、それに先立って祝宴があった。今日ではほとんどの教会が断食の拘束をゆるめているが、祝宴の伝統は現在クリスマスに引き継がれている。フライドドウの豊かな伝統をもつポルトガルでは、フィリョースのような揚げ菓子が好まれ、一年を通じて人気があるが、とくにクリスマスにはよく食べられている。

イスラム暦のもっとも聖なる月、ラマダーン［第9月］には、日の出から日没まで断食が義務づけられている。夕食、イフタール（文字どおり「断食を破る」の意）は地域社会の行事である場合が多く、ドーナツホールに似たおいしいドーナツ、ルカイマット（luqaimat。アラビア語の luqma「ひと口」に由来）など、たくさんの甘い食べものが出される。宗教の文化的伝統の重要性は、ダンキンドーナツやクリスピー・クリームなどの大手ドーナツチェーンでも認識が高まっており、こうしたチェーンは多くのイスラム諸国で確固たる地位を確立している。

フェア［農業（畜産）品評会］や祭りには、昔からサーカスや仮設遊園地などの余興がつきものだった。これらの起源はおそらく古い時代の宗教的祝祭、とくに謝肉祭にあるのだろうが、過去とのつながりはわずかに痕跡が残るのみで、唯一共通しているのは、動脈をつまらせるような快楽への耽溺と年に一度のばか食いを優先し、節度をかなぐりすてる点だけだ。

アメリカではどの州にも毎年恒例のフェアがあり、そこでは揚げものは欠かせないもので、大きければ大きいほど、また奇抜であればあるほどよい。ミネソタステートフェアの昔からの呼びものは、特性の「トムサム（親指トム）」と呼ばれる超小型ドーナツで、1952年から売られている。もっと最近の呼びものとしては同州のリフトブリッジ醸造所のミニドーナツビアがあり、甘味をつけた麦芽風味の温かい黄褐色のビールを、縁にシナモンシュガーをつけたグラスで飲む。

ニューヨークステートフェアでは、フランクフルトソーセージをドーナツで包んだものをバーガーのレパートリーに加えたが、以前のヒット作、1500キロカロリーのビッグカフーナドーナツバーガー［カフーナはハワイ先住民の祈禱師の意］にくらべればインパクトに欠けるように思える。ステートフェアで演奏される音楽さえ、ドーナツとのつながりを主張できる。1954年、19歳のエルヴィス・プレスリーがラジオ番組「ルイジアナヘイライド」に出演し――当時一般的だったように――スポンサーを賞賛してこんな歌をうたったらしい。「午後4時を過ぎたら熱々のアレが食べられる。

熱々のアレ、サザンメイドドーナツは大満足のおいしさ」。およそ60年たったいまも、サザンメイドはアメリカ南部で人気のブランドだ。そして２０１４年には、ルイジアナステートフェアにニューオーリンズのバンド、バッグ・オブ・ドーナツが出演した。

ほかにも収穫や、同様に骨の折れる作業、カエデ糖（メープルシロップ）づくり――カナダのケベック州や北アメリカ北東部のほかの地域では、春になると流れでてくるサトウカエデの樹液を集め、それを煮つめてつくる――の終わりを祝う行事がある。『ニューヨークタイムズ食物事典 *The New York Times Food Encyclopedia*』（１９８５年）の中で、フードライターのクレイグ・クレイボーンは実際に見たカエデ糖づくりの儀式を「ヴァーモントの狂気」と表現し、カントリージャーナル紙の記事を引用している。

材料はシンプルだ。プレーンな（何もついていない）イーストドーナツ12個（４人以上なら24個）、ディルピクルス［ディルで風味づけしたキュウリの酢漬け］を大きめの広口瓶ひとつ、それにメープルシロップを１クォート（約０・95リットル）、あるいはそれ以上。

メープルシロップは煮つめてグレーズ（シロップ）にし、温かいうちにそれぞれの皿にとり分けてから「ディッピング」をはじめる。ドーナツをふた口食べたら、ピクルスをひと口かじるのだ。このように甘いものとすっぱいものを交互に食べると、より甘さが引き立つからだ。この食べ方は現代の「シュガーシャック［メープルシロップをつくる小屋。現在は料理も提供する］」の定番メニューの一部として残っている。これは昔からよく知られた料理のテクニックで、フィラデルフィアのフェデラルドーナツが、人気の韓国風二度揚げチキンに日本の漬けものとハニーグレーズドドーナツ［蜂蜜風味のグレーズをかけたドーナツ］を付けあわせている理由でもある。

フェデラルドーナツは副業として、さまざまな祝い事向けの収益性の高い商品をとり扱っている。デザイナードーナツ［高級志向のグルメなドーナツ］はいま結婚式で大人気で、式場に特設するドーナツバーから、出張ドーナツトラック、結婚式の引き出物、それにもちろんウェディングケーキにいたるまで利用されている。またクリスピー・クリームは、ドーナツをウェディングケーキに仕立てた最初のドーナツ店のひとつで、顧客の要望に応えて、ケーキデコレーターにますます手のこんだテンプレート［型板］を提供するようになった。

かたやポートランドのヴードゥードーナツは、2003年から店内で結婚式の食事サービスを行なっており、コーヒーとトレードマークの「奇抜な」ドーナツでセレモニーを派手に演出している。ドーナツは、記念日でも、誕生日でも、ベビーシャワー［出産予定の母親に贈りものをする集い］でも、人々がパーティーを口実に集う場所で重要な役割をはたしている。

ドーナツはケーキ、クッキー、ビスケットと同様に、昔からあらゆる種類の集まりでコーヒーといっしょに食べられ、社会的潤滑油として機能してきた。この慣習は少なくとも18世紀のニューヨークにまでさかのぼり、この都市の豊かな中産階級の人々は市民集会で、オリクックとコーヒーで休

ドーナツのバースデーケーキ

憩をとるのを好んだことで知られている。

今日、ドーナツを調達する仕事はけっこう責任重大だ。アメリカにおけるもうひとつの重大事、資金集めは昔からドーナツと結びついていた。ドーナツはいまも救世軍の資金集めと結びついており、救世軍はこれまでその活動によって生みだされた善意から利益を得てきた。1938年、救世軍は6月の第1金曜日をナショナルドーナツデー（ドーナツの日）にすることを宣言し、その日を公式の募金活動の行事にしたが、国民の支持とともに規模は拡大しつづけている。世間が向ける目もよりきびしくなりがちな古参大手ドーナツメーカーのクリスピー・クリームは、大幅な割引価格で慈善団体などにドーナツを提供し、団体はそれを再販売して資金を集めている。こうした取り組みはとくに学校で人気が高い。たしかにうまい市場戦略ではあるが、ドーナツのとりことというほどではない国々では、上部組織や保健機関から不評を買いはじめている。

◉ストリートフードとしてのドーナツ

ドーナツは何世紀にもわたり人気のストリートフードだが、このようなご時世なので、大都市部の多くで露天商は、保健機関や市当局の管理者からますますきびしい視線を注がれている。国連食糧農業機関によると、ざっと25億人が毎日ストリートフードを食べており、温暖な地域の経済途上国でより一般的だという。

露天商は昔から、もち運びできて、安価で、手早くつくれる食べものを好んだ。フライドドウは

カンボジア、プノンペンのロシア市場の物売り

商品にされることが非常に多く、地元のドーナツもしくはアメリカのコピー商品、場合によってはその両方を扱うこともある。ストリートフードはインターネットに精通した旅行者や、郷土料理の神髄を堪能できる現地で人気の食べものを紹介するテレビ番組などに注目されている。

イタリアでは、フリートレは伝統的にグラッパ［ブドウのしぼりかすを醗酵させて蒸留したイタリアのブランデー］かアニス［セリ科の香草］をほんの少し加えたイースト生地でつくられ、持ち運びできるフライヤー（揚げ鍋）をもったフリートレ売りが売っている。フリートレ売りはとても人気があったので、18世紀末には、この露天商は独自の組合をもっていた。マレーシア、タイ、メキシコ、中国、ヴェトナムでは、沿道にしつらえた物売りの調理設備が、こうした昔からある移動式の簡易屋台を思わせる。モロッコのにぎやかな旧市街では、露天商が砂糖やシロップをつけたスフェンジを呼び売りしている。

さらに東方では、ドーナツホールのようなルクマ・アル＝カディがアラビア語圏全域で売られ、またそれに似たストリートフードとして、ギリシアではルクマーデス（loukoumades）、トルコではロクマ、キプロスではルクマーデス（lokmades）が売られている。またカザフスタンでは露天商が、中央アジア全域に普及しているドーナツの仲間、バウルサクを提供している。

南アメリカでは、どの国にも独自の人気のドーナツがあり、すべてスペインとポルトガルに起源をもつ。たとえばペルーのピカロネスは、サツマイモとカボチャが入ったリング形のイーストドーナツで、アニシード［アニスの実］で風味づけする。地元の露天商は、思わず見入ってしまうよう

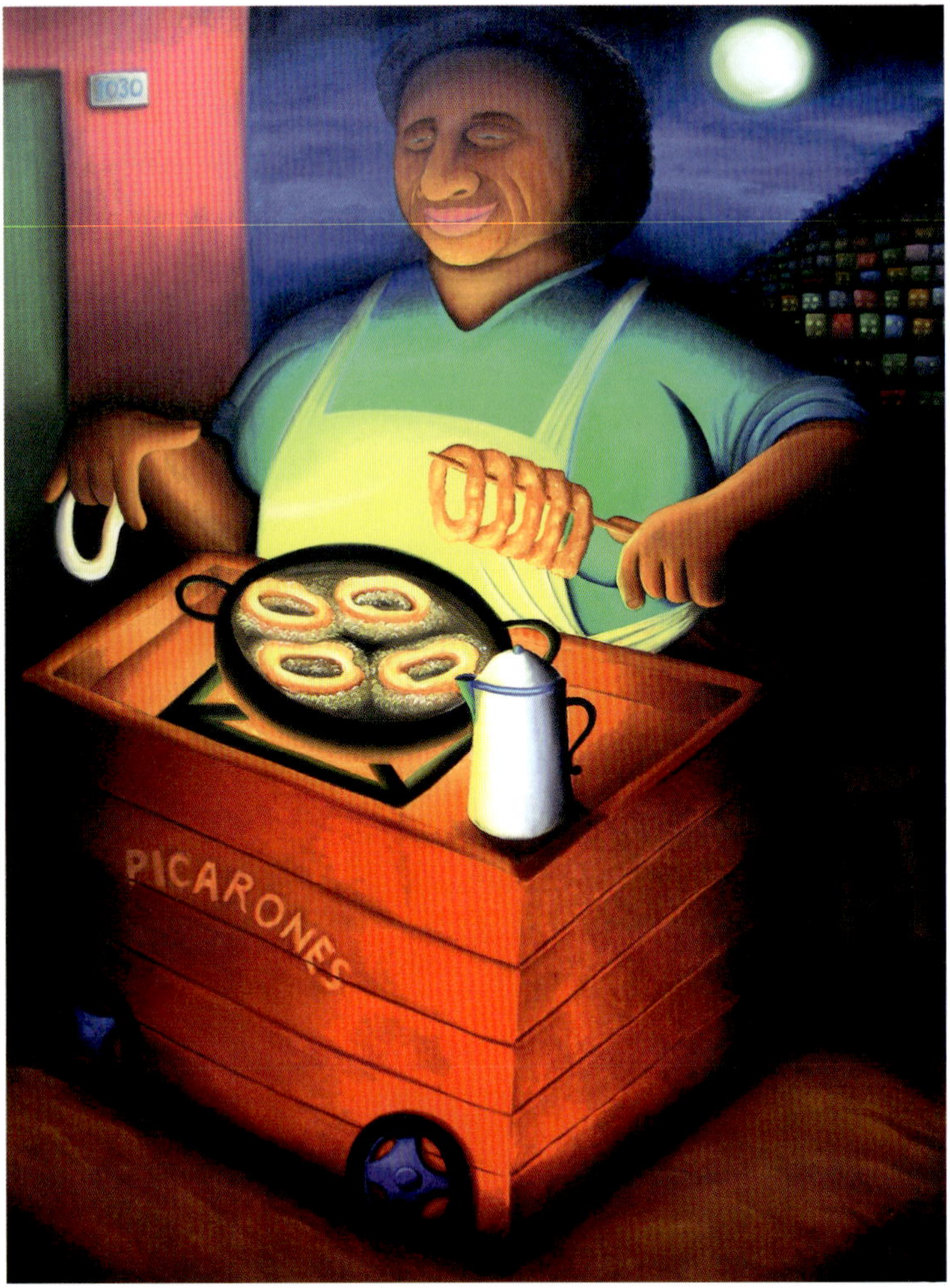

ウゴ・オレソリ「ピカロネラ（ピカロネス売り）」、ペルー、リマ、2011年

なみごとな手さばきで、生地を手でリング状に成形し、油の中に落とす。ピカロネスは伝統的にチャンカカと呼ばれる、未精製のサトウキビ砂糖と蜂蜜でつくった甘いソースをかけて食べる。

インドネシアの人々はドーナトクンタン（ポテトドーナツ）に目がない。ジャカルタは、自家製のストロベリー味、メロン味、モカ味のドーナトクンタンを販売する手押し車でいっぱいだ。伝統的な南インドの軽食、ヴァダは、ウラド豆やヒヨコ豆粉を使った甘くないドーナツで、国中の屋台、市場、鉄道の駅で買うことができる。東アフリカのマンダジは、ココナツミルクの入ったカルダモン風味の、スパイシーでふんわり軽い食感のイーストドーナツで、仕上げに生ココナツのすりおろしをかける。

西洋諸国では近年「ストリートフード」が見直されているが、安全規制が比較的きびしいことにくわえ、おそらく社会の風潮に合わせて、より丈夫な設備、とりわけワゴン車で売られる傾向がある。そうしたワゴン車のなかには、１９５０年からドーナツを提供しているメルボルンのアメリカンドーナツキッチンのように、長年にわたり繁盛している地元の店もある。

そのいっぽうで高級志向のフードトラックや市場の露天という新たな流行の波が、都市部の街頭の風景にリッチな彩りを添えている。昔ながらのアイスクリーム売りのワゴン車が、「高級」市場向けの「クール」なフードトラックやポップアップストア［期間限定の仮店舗］、露店などに様変わりしている。ロンドンの一流レストランのひとつ、セントジョンは毎週土曜日、モルトビーストリートマーケットに露店を出し、ジャムとカスタードが入った人気のドーナツを販売している。

サンフランシスコのジョニードーナツにて

多くのドーナツ起業家がこれまでとは逆に、市場の露店やワゴン車での販売をはじめたり、オンライン店舗をやめて従来型の小売店に移行したりしている。そうしたドーナツ店には、マサチューセッツ州サマーヴィルのユニオンスクエアドーナツ、テキサス州オースティンのゴアドーズ・パブリックハウス（ドーナツレストラン）、カリフォルニア州サンラファエルのジョニードーナツなどがある。ピザトラックをはじめようとして失敗したクレイグ・ブルームは、売りものをドーナツに切り替え、試行錯誤の末、ポテトドーナツの秘伝のレシピを武器にジョニードーナツトラックをオープンした。その後ほどなく直営店を開いたが、それでもまだ、個人だけでなく大手企業もふくむ顧客の需要に生産が追いつかな

カフェ・フリッシュフートのショーウィンドウ。ミュンヘン。

い。

●発展を続けるドーナツ

ここまでドーナツの歴史をつまびらかにしてきたが、現在、この変わることなく愛されてきた食べものは3つの方向に発展を続けている。

ひとつは、フライドドウの歴史が世界中の社会の文化的遺産に密接にかかわり、そのほとんどがいまなお地元のベーカリーや屋台、家庭で、宗教的祝祭やほかの特別な日、あるいはたんに民族的結合を祝ってつくられていることである。ありがたいことにドーナツの未来は、これまでと同じくらい長く、今後も続いていきそうだ。

その好例は簡単に見つかる。ディ・シュマルツヌーデルは、地元の人々に愛着をこめてそう呼ばれているが——正式な店名は、フリッシュフート家が買収したことから、カフェ・フリッシュフート——、

レナーズベーカリーのマラサダ。ホノルル。

1世紀以上にわたりミュンヘンの繁華街で営業している。1980年に改装された際には、外観を周囲の歴史的建造物と調和させるため、オリジナルの要素を残すよう注意がはらわれた。主力商品はシュマルツヌーデル（アオスツォーグネ）、ジャムの入ったクラップフェン、シュトゥリエッツェル、ロアヌーデルで、すべて地元産の材料が使われている。そしてその多くがショーウィンドウの向こうで手づくりされ、道行く人を引きつけるとともに、「本日つくりたて」の看板に偽りがないことをアピールしている。同店は地域の伝統をかたくなに守っており、実際、アプリコット（アンズ）ジャムしか使わないなど、提供する品ぞろえも制限している（とはいえ揚げ油に澄ましバターを使うことは、しばらく前に当時の圧力に屈してやめている）。

さらに地球を半周すると、1952年からホノルルで営業しているレナーズベーカリーがやはり伝統を守りつづけている。創業者レナード・レゴの両親は、サトウキビ畑の作業に雇われた多くのポルトガル人労働者と同様、アゾレス諸島からハワイにやってきた。ポルトガル人の告解火曜日のごちそう、マラサダ（「調理の仕方が悪い」の意）は1953年にはじめて発売され、店舗とマラサダトラックの両方が、地元の人々はもちろん旅行者にとってもハワイの「必ず訪れるべき場所」になっている。地元の人々はオリジナルのマラサダに手を加えることをよしとしない。

では、ふたつ目についてお話ししよう。本書はアメリカのドーナツの歴史について書かれたものだが、それは同時に、アメリカにある何千という個人経営の単独のドーナツ店の歴史でもあり、また「アメリカンドーナツ」をせっせと売っている世界中の同様のベーカリーの歴史でもある。多く

メルボルンのクイーンヴィクトリアマーケットで1950年から営業しているアメリカンドーナツキッチンのワゴン車。

の店が家族経営で何世代にもわたり生き残ってきており、おそらくこれからも営業しつづけていくだろう。この本はまた、地球規模で大量生産される「アメリカンドーナツ」の歴史でもある。この歴史は比較的新しいものであると同時に不穏なものでもあり、個人経営店の歴史にはふつう存在しない問題をはらんでいるが、まちがいなく成功をおさめている。

大手チェーンは世界中で、「アメリカンドーナツ」を食べているという感覚を犠牲にすることなく、現地の顧客のニーズに応えている。ダンキンドーナツはアジアで豚肉と海藻が入ったドーナツを発売し、これをひっさげて中国へ、そしてキムチをつめたドーナツで韓国へ、それぞれ積極的に店舗を展開する計画だ。かたやミスタードーナツは、アジア全域で人気のある、タピオカ粉を使ったドーナツ、ポンデリングを呼び物にしている。「アメリカンドーナツ」もまた、できたてであれ冷凍食品であれ、強力なブ

トップポットドーナツのネオンサイン。シアトル。

ランド戦略や手づくり感をアピールしたホームメイドシリーズで、今後もスーパーやコンビニエンスストアの棚をますます占領していくだろう。

そして3つ目は、ドーナツの歴史がまったく新しいタイプの職人たちによって活気づけられていることだ。彼らは2000年頃から「ドーナツルネサンス」を推進しており、この気取らない人気者を高級品にレベルアップさせている。

なかには、「手打ち」ドーナツが売りのシアトルのトップポットドーナツのように、急速に次なるチェーンになりつつある店もある。マイケルとマークのクレベック兄弟は、月曜日に売ろうと注文したドーナツがその日最初に製造されたものであることに気がついた。経験豊富なコーヒーショップ経営者のふたりは、ニッチ（すきま）市場を見つけ、1920年代の秘伝のドーナツレシピと、頼みこんで手に入れた年代物のネオンサインを武器に、2002年にトップポットをオープンした。研究熱心な兄弟は、客が妥協のないおいしさのドーナツとともに、ノスタルジックな雰囲気を楽しめるような店づくりを目指した。

同店の商品ラインアップには、定番のグレーズドドーナツ、ケーキドーナツ、オールドファションだけでなく、「ピンクフェザーボア」ドーナツのような独創的な人気のオリジナルドーナツもある。

口コミで評判が広がり、熱心な顧客を獲得すると、ふたりは価格を2倍にしたが、ほどなく2店舗で1日４００ダースを製造するようになった。経営を見直し再編成したのち、トップポットは現在、シアトル地域に洗練されたドライブスルー店をふくむ15店舗を展開している。目下フランチャイジーを募集しており、２０１４年には、テキサス州ダラスに初の州外店舗をオープンさせた。クレベック兄弟は、自分たちの成功は勤勉と細部への気づかい、それに少しばかりの幸運のおかげだと考えている。そしてほかの古参店のように、今後も長く営業を続けていきたいと思っており、こんなふうにいっている。「人々が店にやってきて友人に口コミで広めるのはブランドであり、長続きする店をもつというのはそういうことで、だからいまから１００年後もやはりブランドは特別なままなのだ[5]」

あらたに開業した職人の大半が同様の原則にしたがい、最高級の地元産の、なるべく有機栽培された卵や牛乳、小麦粉を材料にした高品質の手づくりドーナツを提供している。チョコレートやコーヒーのような重要な材料も、やはり可能な限り有機栽培されたものを、持続可能な仕入先からフェアトレードディーラーを通して購入している。

ポートランドのブルースタードーナツはアメリカの「ベストドーナツ店」上位にひんぱんに選ばれる店だが、その成功は、高品質の材料を使って一貫した水準でつくる、ブリオッシュ生地の手づ

ブルースタードーナツのバターミルクオールドファッション。ポートランド。

くりドーナツのおかげだと考えている。ここのドーナツは店舗内でつくっているので、客は自分がお金をはらう商品がどんなふうにできあがるのかまじかで見ることができる。ブルーベリーバーボンバジルグレーズド、マイヤーレモン、ケリーライムカード、それに大人向けのコアントロークレームブリュレ［クレームブリュレは、カラメルにした砂糖をかけたカスタードのデザート］などのドーナツが人気で、いつも長い行列ができている。

ブルースターとその同業者は定番のドーナツを――エキゾチックなラズベリーシラチャ［シラチャはタイの地名をとったチリソース］をかけたレッドベルベットグレーズドのように――伝統的なドーナツの味（フレーバー）にたまたま似ている材料を使って新発想のドーナツに変身させている。あの気まぐれなメディアでさえ、ポートランドのヴードゥードーナツがお気に入りだし、カリフォルニ

ヴードゥードーナツのダーティースノーボール。ポートランド。

ア州キャンベルのサイコドーナツは、品質を犠牲にすることなく、過激な人向けの過激な味を考案している。

シカゴのグレーズド&インフューズドのトム・カリーニーによれば、ドーナツビジネスの真の職人は、最高のレシピと高度な技術にくわえ、いま人々が求めているものを敏感に察知する芸術家の目をもっており、「定番の味にみごとな解釈を加える」[6]のだという。カリーニーはさらにこう続ける。「彼らはいけると思ったら、いままでなかったフレーバーだってとり入れるだろう」

シェフの世界でも同様に、ドーナツは新たな高みに引きあげられている。カリフォルニア州ナパヴァレーのレストラン、フレンチランドリーのトーマス・ケラーは、その画期的な2冊の料理書に紹介している手づくりドーナツのレシピをはじめ、着想が際立っている。レストランからそう遠くないところにある彼のブションベーカリーでは、週末限定で洗練されたブリオッシュドーナツをファンに販売している。ロンドン、フラムの緑の多い界隈にある隠れ家風レストラン、ハーウッドアームズのシェフ、バリー・フィツジェラルドには、彼がつくるバックソーンカードとサワークリームが入ったブラウンシュガードーナツについて熱心に批評するファンがいる。

●ドーナツの未来

ドーナツの歴史は、アメリカのドーナツが最初に成熟した場所、ニューヨークにもどってしめくくるのがふさわしいだろう。ニューヨークではピーターパンのような昔からある人気店に、ここ最近の流行である独創的なドーナツ店が加わり、そのなかにはベッドフォードストイヴェサントにある名高いドウのような、本格的な職人技が光る店もある。

しかしニューヨークにはドーナツの名職人マーク・イズリアルがすでにいて、20年以上にわたり先頭を走っている。イズリアルの家族は1910年からパン製造業についており、第1次世界大戦中、祖父のハーマンはアメリカ陸軍ベーカリー中隊に所属し、パリに駐留していた。ハーマンは1934年に最初のベーカリーを開き、ドーナツを一からつくりはじめた。マークの父マーヴィンは放課後、グレーズかけを手伝った。1981年、マークはニューヨークに行き、やがて、祖父のレシピを使って新しい事業をはじめた。雑居ビルの地階で、夜を徹して手打ちドーナツをつくり、翌日できたてを自転車で配達したのである。その自転車はニューヨーク市の料理史において非常に有名になり、2013年から2014年にかけての冬にシティレリクワリ［非営利のコミュニティ美術館］で開催されたドーナツグッズ展にも展示されている。

2000年、イズリアルはドーナツプラントの1号店をオープンした。開店当初から新しい方法をとり入れ、新鮮な季節の果物やローストナッツをグレーズに入れはじめた。フレーバーにはとくに力を入れていたので、まもなく独自にジャムのフィリングをつくるようになった。2004年には、フィリングの入った四角いドーナツを発売し、ピーナツバター、ブラックベリージャム、ココナッツクリームなどのフレーバーをそろえた。2004年、イズリアルはドーナツ好きの日本にドーナツプラント1号店をオープンし、いまでは9店舗を展開している。

「トレスレチェ（「3種類の牛乳」）」ドーナツを最初につくったのもイズリアルで、これはトレスレチェ［無糖練乳、加糖練乳、クリーム］をドーナツのグレーズとフィリングに使ったもので、現在は商標登録されている。それにつづいて、さらにクレームブリュレドーナツも他に先駆けて発売している。

イズリアルのイーストドーナツをおおうエキゾチックなグレーズはもはや伝説だが、そのケーキドーナツは独創性が内から外へあふれでている。客はクリームチーズが入ったキャロットケーキドーナツや、生地にコーヒーを練りこみ、マスカルポーネ［イタリア産のやわらかいクリームチーズ］をつめ、カリッとした食感のトッピングをのせたコーヒーケーキドーナツにうっとりと魅了される。イズリアルはこれからもつねに新しいものをとり入れて客をわくわくさせ、魔法のような方法でフレーバーの限界を押し広げていくことだろう。本人はこんなふうにいっている。

私たちが情熱を傾けて目指しているのは、お客様に世界最高のドーナツを毎日、手に入る最高級の材料を使って提供することです。創業当初からつねに最高の味と品質の実現だけを考えてきましたが、ドーナツプラントはこれからもさらにおいしく質の高いドーナツをお届けできるよう懸命に努力しつづけたいと思っています。(7)

イズリアルの言葉は、何千というすべてのドーナツ起業家と、その動向をしっかり把握したいと考えている世界中の顧客のために語られているのだ。

謝辞

本書は多くの方々の支援なくしては存在しえなかっただろう。アデレード大学、バー・スミス図書館の所蔵資料を利用させていただけたのはとても幸運なことだった。料理にかんするすばらしい所蔵コレクションに埋もれて過ごす時間は、手助けしてくれた図書館スタッフのおかげでさらに充実したものになった。歴史、美術史、食物研究担当の上級学術図書館員マーガレット・ホスキングには大変お世話になった。たえず寛大な支援と励ましを与えてくれ、私がどんなに取り乱した姿で現れようと、いつも温かく迎えてくれた。おまけにすてきな写真までいただき、ほんとうにありがとう、マーガレット！　またバーバラ・サンティッチ教授にもお礼を申し上げたい。同図書館の料理にかんするコレクションはバーバラの尽力のたまものであり、最高水準の食物史研究を確立している。くわえて、アムステルダム大学特別コレクションのジョーク・ママンにも心から感謝したい。本書の作業をスタートした当初、ずっと勇気づけてくれた。ほかにもロサンゼルス公共図書館の希少本担当エマ・ロバーツ、メイン州カムデン公共図書館の公文書保管係ヘザー・モラン、ブルックリン公共図書館のベンジャミン・ゴッカー、デンヴァー大学人類学科のブルック・ローデ、それに貴重な写真資料を惜しみなく提供してくださった救世軍記録保管所スタッフにも深く感謝する。

またチャールズ・ペリーにはとりわけお世話になった。アラビア語にかんする事柄についての書簡のやりとりをはじめ、どんなときも変わることのないその支援は大変心強く、チャールズの力添えがなければくじけていたかもしれない。それにトゥルーデ・エイラト教授にも、その見識と、中世ドイツ語の文書のすばらしい翻訳に感謝したい。ピーター・ローズとスーザン・ワインガーデンのふたりにも、数えきれないほどのEメールのやりとりをふくめ、その支援には感謝の言葉も見つからない。またウィリアム・ウォイズ・ウィーヴァーの多くの著作には非常に感銘を受けた。ウィリアムとの手紙のやりとりはとりわけありがたいものだった。

そしてふたりのすばらしいアーティスト、エリック・ジョイナーとウゴ・オレソリにも、その貢献に心から感謝する。料理アーティストのステファニー・ソーントンとクレイグ・ブルーム、名前はここですべて紹介できないが、ほかの多くのプロの料理人たちにも感謝したい。伝統を重んじるにしろ、独創性を追求するにしろ、その全員がドーナツの未来を確かなものにしてくれている。

ふたつの貴重な発見をしてくれた義理の息子のマレーをはじめ、この企画に関心をもってくれた人、また口コミや写真やレシピで貢献してくれた人、そのすべての人にお礼をいいたい。

Reaktion Books の編集者マイケル・リーマンにも、自由にやらせてくれたこと、また問題が起こったときも私の裁量に任せてくれたことに深く感謝する。とくに Edible シリーズのシリーズ編集者アンドルー・F・スミスには、本書をよりよいものにしてくれた、洞察に満ちた意見と貢献に心からお礼を申し上げる。

最後になったが、次の方々にも心から感謝の意を表したい。親しい友人であるミュンヘンのペトラ・コップフ。そのずばぬけた研究能力、温かさ、そしてつねに時宜を得た支援のおかげで、この仕事を最後までやり通すことができた。また、数えきれないほどの試食と私の要求に耐えてくれた、私のたのもしい研究助手レスリー・ロウ。あなたがこの本にどれほど貢献してくれたか、わかってもらえたらとてもうれしい。そしていちばん重要なのが、ドーナツのつくり方を覚えただけでなく、食べるのも大好きになった、私の夫リチャード。リチャードの並々ならぬ支援と忍耐、執筆とイメージ作成の高度な技術こそが、本書『ドーナツの歴史物語』をこうして世に送りだしたのである――心から愛をこめて。

訳者あとがき

「ドーナツ」と聞いたら、何を思い浮かべるだろう。あの「真ん中に穴のあいた」リングドーナツ？　それとも、日本中に店舗を展開している大手アメリカドーナツチェーンのドーナツ？　はたまたアメリカ映画でよく見る、警察署の休憩室に山と積まれたドーナツだろうか。

クレームブリュレを知らない人がいても、ドーナツを知らない人はほとんどいないだろう。だが、これほど身近な食べものであるドーナツについて、私たちははたしてどれくらい知っているだろう。

本書『ドーナツの歴史物語』は、世界中で多くの人々に愛される気取らない食べもの、ドーナツの歴史を、先史時代から現代まで、古今東西の料理書、史料にあたりながら丹念にひもといていく。本書を読むと、このおいしいけれどありふれた食べものの背後に、その見かけからはちょっと想像のつかない長く壮大な歴史が見えてくる。

今日のドーナツに類する「生地《ドウ》を揚げた食べもの」は、古くから世界中に数えきれないほどの種類が存在し、その多くが、キリスト教の謝肉祭で食べられるドイツのクラップフェンやユダヤ教のハヌカ（清めの祭り）で食べられるスフガニヤをはじめ、宗教的祝祭や儀式に欠かせないものとして、人々の社会的・文化的生活に深く結びついていた。そしてそれは現在も変わらない。

くわえて明らかなのは、冒頭で触れた「リングドーナツ」にしても、「警官とドーナツ」というステレオタイプにしても、私たちが「ドーナツ」という言葉からまず連想するのは、全世界共通で「アメリカ」という国だという事実である。

では、そもそも「ドーナツ」という言葉はいつどのようにして生まれたのだろう。また何をもって真の「ドーナツ」と呼ぶのだろう。そしてなぜドーナツはアメリカの典型的な食べもの、アメリカ文化を（いい意味でも悪い意味でも）象徴する食べものとみなされるようになったのだろう。著者はアメリカのドーナツの起源を、移民が新大陸にもたらした郷土料理に求めるとともに、アメリカでドーナツが国民食となった経緯、さらには「アメリカ文化の帝国主義」「カロリー植民地主義」と一部から批判されながらも、世界各国に店舗を展開し「アメリカンドーナツ」のファンを増やしつづける大手ドーナツチェーンの歴史と現状についても詳述している。

近年、そうしたドーナツをめぐる状況に大きな変化が起こっている――高級志向、健康志向のドーナツの登場である。日本にも進出しているチェーン（本書でもくわしくとりあげている「ドーナツプラント」など）があるのでご存知の方も多いかと思うが、最新のトレンドは、高級かつオーガニック（有機栽培）の厳選された原材料をもちいてつくる、新発想のデザイナードーナツ（ドーナツシェフによるグルメドーナツ）だ。こうしたドーナツはトランス脂肪酸の問題、それから派生している森林破壊といった環境問題、アレルギーや肥満といった健康問題、菜食主義をはじめとする多様な食習慣など、あらゆる問題とニーズに対応しつつ、これまで以上のおいしさを実現している。当然、価格は高めだが、消費者の熱い支持を得ているようだ。太古の昔から人々の心をなごませ、幸福感をもたらしてきたこの「コンフォートフード」は、どうやら、まだまだ進化の可能性を秘めているらしい。

本書『ドーナツの歴史物語』（*Doughnut: A Global History*）は、イギリスのReaktion Booksが刊行しているThe Edible Seriesの一冊である。このシリーズは２０１０年、料理とワインに関する良書を選定するアンドレ・シモン賞の特別賞を受賞している。

本書の訳出にあたっては、原書房の中村剛さん、オフィス・スズキの鈴木由紀子さんにたいへんお世話になりました。心よりお礼を申し上げます。

２０１５年10月

伊藤　綺

写真ならびに図版への謝辞

著者と出版社より，図版の提供と掲載を許可してくれた関係者にお礼を申し上げる。

All images by Heather Delancey Hunwick except the following: Alamy: p. 58; ArtResource/The Metropolitan Museum of Art, New York: p. 35; Associated Press: p. 134; from *Baking Industry*, C1, vol. XXXVII (1 February 1922), p. 304: p. 101; Bigstock: p. 6 (Antonio Gravante); © The British Library Board: p. 43; Brooklyn Public Library, New York: p. 141; Camden Public Library, Maine, USA: pp. 90上 , 90下 ; Coolculinaria.com: p. 103; Dordrechts Museum: p. 68; Richard Flavin: p. 72; Margaret Hosking: p. 158; Mercy Ingraham: p. 85; ITER (www.iter.org): p. 108 top; Eric Joyner: p. 146; Petra Kopf: p. 163; Library of Congress, Washington, DC: pp. 64, 83; NASA, Hubble Space Telescope: p.148下 ; Nau Wale No Tours, Oahu, Hawaii: p. 164; National Archives of the Agricultural Marketing Service: p. 130; National Gallery of Art, Washington: p. 55; Hugo Orezzoli: p. 160; Rex Features: p. 143 (Collect); The Salvation Army National Archives: p. 97; Betsy Tomasillo@www.BetsyBlue.com: p. 156; Topfoto: p. 151; Aron Thursteinsson: p. 24; University of Denver Museum of Anthropology, DU #394: p. 32; U.S. Patent Office (US 859717, 1907): p. 93; William Woys Weaver, *Pennsylvania Dutch Cooking* (1993), p. 167: p. 91; Wellcome Library, London: p. 57.

参考文献

Abell, L. G., *The Skillful Housewife's Book* (New York, 1847)

Adamson, Melitta Weiss, *Food in Medieval Times* (Westport, CT, 2004)

Akst, Daniel, *We Have Met the Enemy: Self-control in the Age of Excess* (Melbourne, 2011) [ダニエル・アクスト『なぜ意志の力はあてにならないのか——自己コントロールの文化史』，吉田利子訳，NTT 出版，2011年刊]

Albala, Ken, *Food in Early Modern Europe* (Westport, CT, 2003)

Beecher, Catherine, *Domestic Receipt Book: Designed as a Supplement to her Treatise on Domestic Economy* (New York, 1850); online at http://digital.lib.msu.edu

Carter, Susannah, *The Frugal Housewife, or, Complete Woman Cook* [1765] (New York, 1803); online at http://digital.lib.msu.edu

Child, Lydia Maria, *The American Frugal Housewife, Dedicated to Those Who Are Not Ashamed of Economy* [1829], 12th edn (Boston, 1833); online at http://digital.lib.msu.edu

Cloake, Felicity, 'How to Cook Perfect Jam Doughnuts', *The Guardian* blog, 16 August 2012, at www.theguardian.com

Crowan, T. J., *Mrs Crowan's American Lady's Cookery Book* (New York, 1847)

Dalby, Andrew, *Food in the Ancient World, from A to Z* (London, 2003)

——, and Sally Grainger, *The Classical Cookbook* (London, 1996) [アンドリュー・ドルビー，サリー・グレインジャー『古代ギリシア・ローマの料理とレシピ』，丸善，2002年刊]

Edge, John T., *Donuts: An American Passion* (New York, 2006)

Glasse, Hannah, *The Art of Cookery Made Plain and Easy* [1747], facsimile reprint of 1805 edn, ed. Karen Hess (Bedford, MA, 1997)

Grant, Mark, *Roman Cookery: Ancient Recipes for Modern Kitchens* (London, 2008)

Hieatt, Constance B., and Sharon Butler, eds, *Curye on Inglysch: English Culinary Manuscript of the Fourteenth Century (Including the 'Forme of Cury')* (Oxford, 1985)

Hess, John L., and Karen Hess, *The Taste of America* (Champaign, IL, 1972)

Irving, Washington, *A History of New York from the Beginning of the World to the End of the Dutch Dynasty, by Diedrich Knickerbocker* (New York, 1809)

Krondl, Michael, *Sweet Invention: A History of Dessert* (Chicago, IL, 2011)

Kurlansky, Mark, *The Food of a Younger Land* (New York, 2009)
Leslie, Eliza, *Seventy-five Receipts for Pastry, Cakes, and Sweetmeats*, facsimile reprint of 1828 edn (Bedford, MA, 1988)
——, *Directions for Cookery in its Various Branches* (Philadelphia, PA, 1837); online at http://digital.lib.msu.edu
——, *New Receipts for Cooking*, facsimile reprint of 1854 edn (Bedford, MA, 2008)
Levenstein, Harvey, *Paradox of Plenty: A Social History of Eating in Modern America* (Oxford, 1993)
McWilliams, James E., *A Revolution in Eating: How the Quest for Food Shaped America* (New York, 2005)
Mullins, Paul R., *Glazed America: A History of the Doughnut* (Gainesville, FL, 2008)
Oliver, Sandra L., *Saltwater Foodways* (Mystic, CT, 1995)
——, *Food in Colonial and Federal America* (Westport, CT, 2005)
Penfold, Steve, *The Donut: A Canadian History* (Toronto, 2008)
Randolph, Mary, *The Virginia House-wife*, facsimile of 1824 edn, commentary by Karen Hess (Columbia, SC, 1984)
Rodison, Maxime, A. J. Arberry and Charles Perry, *Medieval Arab Cookery: Essays and Translations* (Totnes, Devon, 2001)
Rose, Peter G., *The Sensible Cook: Dutch Foodways in the Old and the New World* (Syracuse, NY, 1989; paperback edn 1998)
——, *Matters of Taste: Dutch Recipes with an American Connection* (Syracuse, NY, 2002)
——, *Food, Drink and Celebrations of the Hudson Valley Dutch* (Charleston, SC, 2009)
Santich, Barbara, *The Original Mediterranean Cuisine: Medieval Recipes for Today* (Kent Town, South Australia, 1995)
Schremp, Gerry, *Celebration of American Food: Four Centuries in the Melting Pot* (Golden, CO, 1996)
Scrinis, Gyorgy, *Nutritionism: The Science and Politics of Dietary Advice* (Sydney, 2013)
Scully, Terence, *The Art of Cookery in the Middle Ages* (Woodbridge, Suffolk, 1995)
Simmons, Amelia, *American Cookery* [1796], facsimile of 2nd edn, commentary by Karen Hess (Bedford, MA, 1996)
Stavely, Keith, and Katherine Fitzgerald, *America's Founding Food: The Story of New England Cooking* (Chapel Hill, VA, 2004)
Steinberg, Sally Levitt, *The Donut Book: The Whole Story in Words, Pictures and Outra-*

geous Tales (North Adams, MA, 2004)
Tannahill, Reay, *Food in History* (London, 2002)
Weaver, William Woys, *Pennsylvania Dutch Country Cooking* (New York, 1993)
——, *Sauerkraut Yankees: Pennsylvania Dutch Foods and Foodways* (Mechanicsburg, PA, 2002)
Wilcox, Estelle Woods, *Buckeye Cookery, and Practical Housekeeping Compiled from Original Recipes* (Minneapolis, MN, 1877); online at http://digital.lib.msu.edu
Willan, Anne, *The Cookbook Library: Four Centuries of the Cooks, Writers, and Recipes that Made the Modern Cookbook* (Berkeley, CA, 2012)
Williams, Susan, *Food in the United States, 1820s-1890* (Westport, CT, 2006)
Zanger, Mark H., *The American History Cookbook* (Westport, CT, 2003)

レシピ集

ここで紹介するレシピはさまざまな時代と地域に起源をもつため，材料と分量にはほとんど一貫性がない。古い時代のレシピにはオリジナルのまま転載しているものもあれば，フードライターが現代向けに手直ししているものもある。後者の場合，フードライターのほとんどが読者になじみのある計量法をもちいているが，ばらつきがあるため，メートル法も併記した。レシピの材料はとくに出所の明示がない限り，メートル法で表記している。

古い時代のレシピ

古い時代の料理書のレシピを解釈することは，現代の料理人にとってむずかしい課題である。現代的な解釈が可能な場合は，著者の了承を得て転載している。ほかについては，現代の料理人が知識にもとづく推測と自身の経験にたよらなければならないだろう。以下に紹介するレシピはどれも，ぜひ試してみる価値のあるものばかりだ。

◉クラップフェン（Krapffen）

アン・ウィランの厚意により『料理書コレクション——現代の料理書を築いた4世紀にわたる料理人と作者とレシピ *The Cookbook Library: Four Centuries of the Cooks, Writers, and Recipes that Made the Modern Cookbook*』（カリフォルニア大学出版局，2012年）から転載。

［クラップフェンの生地をつくる］

『台所の専門技能 *Küchenmeisterei*』（ニュルンベルク，1485年。1490年版のレシピ）より。

1. ワインに蜂蜜を好きなだけ入れて熱する。それを浅いボウルに入れ，精白小麦粉を加えて混ぜ，バッターをつくる。
2. 別のボウルにオレンジ色の卵黄を割り入れ，サフラン少々と蜂蜜入りワインを入れてよく混ぜ，バッターに加える。さらによく混ぜたら，小麦粉をふり入れ，固い生地（ドウ）にする。清潔なタオルを用意し，生地をおおう。
3. 木製のめん棒で薄くのばし，フィリングに合わせて好きな形に抜く。

イーストやビール，ホップ水を使って生地をつくることもできる。その場合は醱酵後にこねる。好みに合わせて，ぬるま湯または加熱した蜂蜜入りワインをもちいる。

［リンゴのフィリング］

リンゴやナシを使って，おいしいクラップフェンをつくることができる。

1. リンゴまたはナシをよく焼く。
2. 1をすり鉢に入れ，さらに卵を1～2個割り入れ，塩少々，香辛料を加え，よくすりつぶす。それをクラップフェンにつめる。

『台所の専門技能』で説明されているように，クラップフェンはイースト生地に果物を包んで調理したダンプリング［生地に果物や肉などのフィリングを包んで，ゆでたり，焼いたり，揚げたりしたもの］だ。

レシピでは調理法にバッケン（backen）という言葉を使っており，これは「焼く」または「揚げる，炒める」を意味していると思われるので，いまもドイツ全土で見られる，油で揚げたこぶし大のしっかりしたペストリーができあがるのだと考えた。フィリングの入った揚げたてのおいしい，甘くないニューオーリンズのベニェを思い浮かべてもらうといいだろう。

『台所の専門技能』の著者が，料理人が生地の成形とフィリングの詰め方を当然知っているものとして書いているところからすると，クラップフェンは15世紀にはすでにドイツ南部に根づいていたにちがいない。この料理書には，ダンプリングをラードか牛脂，もしくはバターで揚げているレシピもある。

生地自体には蜂蜜入りワインで甘味をつけているが，フィリングは，リンゴやナシにも甘味料をいっさい加えていないので甘くなかったと思われる。

ニワトリやハト，ほかの「森の鳥」は人気のフィリングで，肺臓や肝臓も出てくる。今日のドイツでは，「クラップフェン（Krapffen）」〔より一般的には「Krapfen」として知られている〕は朝食や軽食として1日を通して食べられている。

[イースト生地の材料]

白ワイン（ミディアムドライ）…1½カップ（300*ml*）
蜂蜜…大さじ山盛り1
活性ドライイースト…大さじ1（7*g*）
ぬるま湯…¼カップ（60*ml*）
粉末サフラン…多めのひとつまみ
卵黄…1個分
小麦粉…4カップ（500*g*）と粘度の調整用として適量
塩…小さじ1
直径7.5センチのクッキー型
揚げもの用温度計

[生地をつくる]

1. 小さめのソースパンにワインと蜂蜜を入れ，蜂蜜が溶けるまで加熱し，溶けたら冷ましておく。
2. カップにぬるま湯を入れ，イーストをふり入れてかき混ぜ，泡立つまで5分ほどおく。
3. 小さめのボウルに卵黄を入れ，サフランを加えてかき混ぜる。
4. 作業台の上で小麦粉と塩をふるいにかけ，手の甲で中央にくぼみをつくる。
5. 1の蜂蜜入りワイン，イースト液，

卵黄をくぼみに入れ，指先を使って混ぜあわせる。スクレーパー［生地を混ぜたりかき集めたりするへら状の器具］で少しずつ小麦粉を混ぜこみ，手で練ってなめらかな生地をつくる。べたつかないやわらかな生地になるように，必要に応じてさらに小麦粉を加える。

［生地をこね，醱酵させる］

1. 作業台に打ち粉をし，そこに生地をおく。片手で向こうに押しやるように生地をこねたら，作業台からはがしてボール状にまとめる。それを4分の1ほど回転させ，再び同じようにこねる。必要に応じて小麦粉を足しながら，生地がなめらかになり弾力が出てくるまで，この動作を4〜5分くりかえす。
2. 油を塗ったボウルに生地を移し，生地の表面に油がまんべんなくつくようにひっくり返したら，ボウルをラップでおおう。暖かい場所で，生地の大きさが2倍になるまで45〜60分醱酵させる（生地はこねフックをとりつけた電動ミキサーでこねてもよい）。そのあいだフィリングをつくり，室温におく。

［ダンプリングを成形する］

1. 生地が醱酵したら，再び打ち粉をした作業台の上にあけ，軽くこねてガスを抜く。
2. 生地を1センチの厚さにのばし，クッキー型を使って丸い形を24個抜く。そのうち12個をクッキングシートをしいた天板に並べる（生地がやわらかくて扱いにくければ，冷蔵庫で冷やして固める）。
3. フィリングをスプーンですくい，生地の上に縁を1.25センチ残してのせる。はけで縁に水を塗る。その上に残りの生地をそれぞれかぶせ，縁を指でつまんで接着する。まだ十分に醱酵していなければ，ふくらむまでダンプリングを暖かい場所に15分ほどおく。

［ダンプリングを揚げる］

1. 厚手の深鍋にラードまたは油を深さ7.5センチになるまで入れ，揚げもの用温度計が185℃を示すまで加熱する。
2. 網じゃくしか穴あきスプーンにのせて，ダンプリングを2〜3個ずつ油に入れ，片側がきつね色になるまで2〜3分揚げる。網じゃくしで裏返し，もう片側もきつね色になるまでさらに1〜2分揚げる。
3. 揚がったらペーパータオルで油を切り，オーブンに入れて保温する（オーブンのドアは開けたままにする）。残りのダンプリングも同じように揚げる。温かいうちに食べるのがいちばんよいが，ドーナツと同様，1〜2時間は保存できる。

［アップルフィリング］

アップルパイを思わせるアップルフィリングには，甘い生食用リンゴが最適だ。出来上がり量1カップ（200*g*），ダンプリングたっぷり12個分。

1. 生食用リンゴ2個（合わせて約330*g*）の皮をむいて芯を抜き，さいの目に切る。
2. フライパンにバター大さじ1を入れ，強火で溶かす。そこにリンゴを加え，やわらかくなるまで10分ほど，水気がほとんどなくなるまで炒める。
3. 炒めたらリンゴを冷まし，フォークでつぶす。粉末のシナモンとショウガ各小さじ1，すりおろしたばかりのナツメグ多めのひとつまみ，軽く溶いた卵1個を加えてよくかき混ぜる。

◉ドーナツ（Dow Nuts）

ヘザー・ファルヴェイ博士の厚意により『エリザベス・ディムズデール男爵夫人のレシピ帳 *The Receipt Book of Baroness Elizabeth Dimsdale*』（1800年頃）（2013年に初出版）から転載。

このレシピは上記の手稿本に収められていたもので，フォーダム夫人という身元が明らかになっていない女性の作とされている。

小麦粉…2.2リットル
湿糖…450*g*
卵（全卵）…10個
すりおろしたナツメグ…1個分
無塩バター…337*g*
イースト…110*ml*
牛乳…適量

1. 牛乳にバターを入れて火にかけ，表面からバターをすくいとる。
2. 小麦粉に砂糖，ナツメグを混ぜ，中央にくぼみをつくる。卵とイーストをいっしょにふるいで裏ごしし，くぼみに入れる。さらに牛乳からすくいとったバターも加える。
3. 必要に応じて牛乳を加えながら，2を練りあわせる。上にふきんをかけ，火のそばに30分おき，醱酵させる。
4. 醱酵したら好きな厚さにのばし，パイ皮切りで小さなかたまりに切り分ける。
5. 4を煮立つ直前のラードに投入する。温度が高すぎると焦げやすくなり，逆に低すぎると脂っぽくなる。網じゃくしで軽く動かしながら揚げ，揚がったらとり出し，コランダー［ボウル型の水切り］に入れる。ただし脂っぽくなるので，揚げたてのものが冷めたものに触れないようにする。

生地を薄くのばせばのばすほど，軽くカリカリした食感になる。

最初に，イーストに砂糖少々と牛乳少々を加え，火のそばに1時間おいて醱酵させる。

◉オリクーケン（Olie Koecken）

ピーター・G・ローズの厚意により『味

覚にかんする事柄——アメリカとつながりのあるオランダ料理のレシピ *Matters of Taste: Dutch Recipes with an American Connection*』(2002年)から転載。

オリクーケンは，現代のオランダではオリボーレンと呼ばれ，いまも年越しから新年にかけてほとんどの家庭でつくられている。これは『賢明な料理人 *De Verstandige Kock*』に載っている1683年のレシピを手直ししたものだ。このレシピの分量はおよそ30個分とかなり多く，大勢が集まる機会にぴったりである。

ぬるま湯(45℃)…½カップ(120*ml*)
活性ドライイースト…大さじ1(7*g*)
砂糖…ひとつまみ
干しブドウ…1¾カップ(275*g*)
中力粉…4カップ(500*g*)
シナモン…大さじ1
クローブ…小さじ½
すりおろしたショウガ…小さじ½
塩…小さじ¼
牛乳…1½カップ(360*ml*)
室温にもどしたバター…½カップ(棒状バター1本，115*g*)
生アーモンド(ホール)…1カップ(155*g*)
グラニースミスリンゴ(皮をむいて芯を抜き，薄切りにしたもの)…中3個
揚げ油
アイシングまたはグラニュー糖…お好みで

1. 小さめのボウルにぬるま湯を入れ，イーストと砂糖をふり入れる。しばらくおいてから，かき混ぜてイーストを溶かし，暖かい場所に放置する。そのあいだにバターを溶かし，冷ましておく。
2. 干しブドウをソースパンに入れ，干しブドウがかぶる程度の水を加え，1分煮る。火からおろし，5分ほどおいてから湯を切る。ペーパータオルで軽くおさえて水気をとり，小麦粉大さじ1を混ぜる。
3. 残りの小麦粉を大きめのボウルに入れ，シナモン，クローブ，ショウガ，塩を加えて混ぜる。中央にくぼみをつくり，そこに1のイースト液を注ぎ入れる。
4. さらに溶かしバターと牛乳をゆっくり加えながら，中央から混ぜていく。小麦粉がすべて混ざり，非常に固いバッター状になるまで混ぜつづける。
5. 干しブドウ，アーモンド，リンゴを加え，完全に混ぜあわせる。生地を1時間ほどおくか，または2倍の大きさになるまで放置し醱酵させる。
6. 大きめの厚底鍋か揚げ鍋に油を10センチの深さになるまで入れ，175℃に加熱する。母親によれば，オリクーケンは「油の中を泳ぐ」くらいでなければだめだという。
7. スープ用スプーンを使って，生地を山盛り1杯すくう。オリクーケンは直径が少なくとも5センチなけれ

ばならない。

8. スプーンを油の真上にもっていき，別のスプーンを使ってそっと生地を油に落とす。一度に揚げる量は4～5個，片面をそれぞれ5分ほど，もしくはきつね色になるまで揚げる。ふたつに割ってみて，揚がり具合を確かめてもよい。揚がったら，ペーパータオルで油を切る。

オリジナルのレシピには，砂糖をふりかけるともまぶすとも書かれていない。

これはとても簡素なドーナツだが，お好みで粉砂糖をふりかけたり，グラニュー糖をまぶしたりするといいだろう。

……………………………………

◉カラ（Calas）

ジョン・T・エッジの許可を得て『ドーナツ――アメリカの情熱 *Donuts: An American Passion*』（2006年）より転載。

エッジによると，このレシピは食物史家で作家のジェシカ・ハリスのレシピに手を加えたものだという。ハリスは，ニューオーリンズではかつて，カラは「もっぱらアフリカ系アメリカ人の料理人がつくっていた」と指摘している。およそ24個分。

生の長粒米…¾カップ（170*g*）
冷水…2¼カップ（540*ml*）
活性ドライイースト…1½袋（10*g*）
ぬるま湯…½カップ（120*ml*）
溶き卵…大（60*g*）4個分
グラニュー糖…⅓カップ（75*g*）
すりおろしたばかりのナツメグ…小さじ¾
塩…小さじ¾
中力粉…2カップ（250*g*）
揚げ油用の菜種油
デコレーション用の粉砂糖

1. 中くらいのソースパンに米と冷水を入れ，沸騰するまで強火で煮る。沸騰したら中火にし，25分ほど，もしくは米がやわらかくなるまで加熱する。
2. 煮えたら米の湯を切り，大きめのミキシングボウルにあける。スプーンの背で米を形がなくなるまでつぶし，冷ましておく。
3. 小さめのボウルにぬるま湯を入れ，イーストを溶かす。
4. 3のイースト液を2の米に加え，フォークで2分ほど強くかき混ぜる。濡れふきんをボウルにかけ，暖かい場所に一晩おいて醗酵させる。
5. 4に卵，グラニュー糖，ナツメグ，塩，小麦粉を加える。フォークで十分にかき混ぜたら，ふきんをかけて30分休ませる。
6. 鋳鉄製のキャセロール［ふたつき厚手鍋］または厚底の深鍋に，油を7.5センチの深さになるまで入れる。中火から強火で油を190℃に加熱する。
7. 生地をテーブルスプーン（大さじ）に山盛り1杯すくって，油に落とし，両面がこんがりきつね色になるまで

1〜2分ほど揚げる。揚がったら穴あきスプーンですくいあげ，金網台にのせて油を切る。粉砂糖をふりかけ，熱いうちに出す。

…………………………………

◉安上がりなドーナツ（ショートニング不使用）

ファニー・ファーマー『新しい料理書 *A New Book of Cookery*』（1917年）より。

小麦粉…4カップ（500*g*）
砂糖…1カップ（200*g*）
クリームオブターター［酒石英（酒石酸水素カリウム）の粉末。ベーキングパウダーの一種］…小さじ2
ベーキングソーダ…小さじ1
塩…小さじ1
すりおろしたナツメグ…大さじ½
卵…2個
牛乳…¾カップ（170ml）強

1. 粉の材料をすべて混ぜてふるいにかけ，よく溶いた卵，牛乳¾カップ（170*ml*）かそれ以上（ただし1カップにならないようにする）を加えて，練る。
2. 打ち粉をした作業台にあけ，軽くたたいてのばし，成形して揚げる。
3. 揚がったら二股フォークを使って油からとり出し，熱湯にさっとくぐらせて余分な油をとり除く。フォークはその都度，必ず水気をふいてから油に入れる。

…………………………………

◉有名な救世軍のドーナツのレシピ

救世軍の厚意により転載。

これは救世軍の公式レシピで，第1次世界大戦時に使用されたもののひとつである。当時手に入った材料やシェフの生かじりの知識によってさまざまなレシピが存在する。このレシピの分量はおよそ150個分で，大きなイベントにぴったりかもしれない。

砂糖…7½カップ（1.65キロ）
ラード…¾カップ（170*g*）
卵…9個
無糖練乳…大缶3缶（2.4リットル）
水…大缶3缶（2.4リットル）
中力粉…18カップ（2.25キロ）
ベーキングパウダー…小さじ18（90*g*）
塩…小さじ7½（40*g*）
粉末ナツメグ…小さじ9（35*g*）

1. 大きめのボウルに砂糖とラードを入れ，クリーム状になるまで練り，さらに溶き卵を加える。
2. 無糖練乳と水を混ぜあわせ，1に加える。
3. 大きめのざるで小麦粉，ベーキングパウダー，塩，ナツメグをふるって，2に入れる。小麦粉を必要に応じてさらに加え，固めの生地にする。
4. 3をのばして型抜きする。ドーナツを揚げるには2.5キロのラードが必

要になる。

現代のレシピ

◉バターミルクオールドファッションドーナツ

前述したように，オールドファッションはほかのドーナツの適温より低めの温度で揚げる。およそ24個分。

中力粉…600*g*
ベーキングソーダ…小さじ1
ベーキングパウダー…小さじ2
おろしたてのナツメグ…小さじ1½
シナモン…小さじ½
塩…小さじ1
バター，またはショートニング（やわらかくしておく）…30*g*
砂糖…200*g*
卵…大（60*g*）2個
バターミルク…375*ml*
サワークリーム…60*g*
揚げ油用の植物油

1. ボウルに小麦粉，ベーキングソーダ，ベーキングパウダー，ナツメグ，シナモン，塩を入れ，混ぜる。
2. パドルアタッチメント［攪拌羽根］をとりつけたスタンドミキサー［置き型タイプのミキサー］のボウルに，砂糖と，バターまたはショートニングを入れ，クリーム状になるまで1分ほど低速でかき混ぜる。さらに卵を1個ずつ加え，ボウルの内側についた生地をゴムべらでときどきこそげながら，軽く色づくまで混ぜる。
3. そのあいだに，別のボウルでバターミルクとサワークリームを混ぜあわせる。
4. 1を3回くらいに分けて，3と交互に2に加える。生地がまとまるまで低速で混ぜる。かなり固めの生地にする。
5. 打ち粉をした作業台に生地をおき，軽くたたいて1.2センチくらいの厚さにのばす。必要に応じて，生地の上，両手またはめん棒，それにもちろんドーナツ型にも小麦粉をふる。
6. できるだけすき間があかないように生地を型抜きし，揚げるまで粉をふった作業台におく。
7. 油を165℃に加熱する。余分な小麦粉をはらい落としてから，生地を一度に2個ずつ油に入れる。一度だけ裏返し，こんがりきつね色になるまで揚げる。
8. 揚がったら，ペーパータオルで油を切る。冷ましてから，バニラなどで風味をつけたグレーズやアイシングをかけるか，もしくはシンプルに粉砂糖をまぶす。

....

◉ハワイ風アンダギー（Andagi）

ハワイ沖縄連合会傘下の女性団体フイ・オ・ラウリマの厚意により，同団体の著書『チムグクル——魂，精神，心——沖

縄人のミックスプレートII *Chimugukuru: The Soul, Spirit, the Heart: Okinawan Mixed Plate II*』（2008年）から転載。

アンダギーはもともと沖縄の伝統料理で，沖縄ではサーターアンダギーと呼ばれている。このアンダギーはハワイ在住の沖縄女性が家庭でつくっていたもので，1970年代に一般に知られるようになった。現在は，ややふんわりしたアンダギーがとくにハワイの沖縄フェスティバルの期間中にお祝いに食べられる。

小麦粉…4カップ（500*g*）
ベーキングパウダー…小さじ4
砂糖…2カップ（400*g*）
塩…小さじ½
インスタントのマッシュポテト（乾燥）…100*g*
無糖練乳…⅓カップ（80*ml*）
植物油…大さじ2
バニラエクストラクト（バニラ抽出液）…小さじ1
軽く溶いた卵…大（60*g*）4個分
揚げ油用の植物油

1. 小麦粉，ベーキングパウダー，砂糖，塩を混ぜあわせ，中央にくぼみをつくる。
2. 牛乳，植物油，バニラエクストラクトを計量カップに入れ，混ぜる。全体が1カップ（225*ml*）になるまで水を足す。
3. 2に卵を加え，1のくぼみに注ぎ入れ，ほとんど湿り気がなくなるまで手で混ぜる。
4. 油を175℃に加熱する（注：アンダギーの専門家のなかには，やや低めの165度を好む人もいる）。
5. 沖縄流*に手を使うか，あるいは大きめのスプーン，または直径39ミリのアイスクリームディッシャー（アイスクリームすくい）を使って，生地を油の中に落とし，きつね色になるまで揚げる。串を中心に刺してみて生地がついてこなければできあがり。ペーパータオルで油を切る。

[バリエーション]
きざんだクルミ，マカダミアナッツ，ゴマ，またはゆでた沖縄のサツマイモをさいの目に切ったものを½カップ（約60*g*）加える。

* アンダギー生地を油に落とす沖縄流の方法
1. 油を数滴加えた水で両手を濡らす。
2. 生地を手のひらですくいとり，手を閉じる。
3. 手を油から3～5センチほど上で下向きにする。親指と人差し指のあいだから生地をゴルフボールくらいの大きさにしぼり出す。親指を人差し指の上にすべらせて，生地を切り落とす。もしくはもう一方の人差し指か，濡らしたはしを使ってもよい。

…………………………………

●ルクマーデス（Loukoumades）

地中海全域でさまざまな種類のルクマーデスが親しまれている。トルコ語のロクマ（lokma）は「ひと口」という意味で，アラビア語のルクマ（luqmat）に由来する。最古のレシピのひとつ，ルクマ・アル＝カディ（luqumat al-qadi）は13世紀に書かれたものだ。

活性ドライイースト…10*g*
中力粉…450*g*
砂糖…大さじ1
塩…小さじ1
ぬるま湯…375*ml*
温めた蜂蜜…適量
シナモン…お好みで
細かくきざんだクルミ…お好みで
揚げ油

1. イーストをぬるま湯60*ml*に溶かし，小麦粉少々を加えて，10分ほどおくか，スポンジ状になるまで放置する。
2. 1のイースト，残りの小麦粉，塩，砂糖，残りのぬるま湯をミキシングボウル，またはスタンドミキサーのボウルに入れて混ぜ，粘りの強い弾力のある生地にする。
3. ボウルにおおいをかけ，暖かい場所で最低1時間，大きさが2倍になるまで醗酵させる。
4. 揚げ鍋または厚底鍋に油を（少なくとも5センチの深さまで）入れ，180℃に加熱する。
5. 生地をテーブルスプーンですくって油に落とすか，もしくは片手でつかみ，こぶしをつくって，親指と人差し指のあいだから小さいかたまりにして油の中にしぼり出し（このとき，油がはねないように注意する），揚げる。きつね色になったら裏返す。
6. 揚がったら穴あきスプーンでとり出し，ペーパータオルで油を切る。温かいうちに大皿に盛りつけ，温めた蜂蜜をたっぷりかける。お好みで，シナモンをふりかけ，みじん切りにしたクルミを散らす。

◉メープルグレーズドポテトドーナツ

小麦粉の代わりに一部ジャガイモを使った，おいしくて枕のようにやわらかいドーナツ。1930年代から人気で，いまも人々に愛されている。とくにこの，メープルシロップグレーズをかけたものは，インスタントのマッシュポテトを使っているので手早くつくれる。分量はスパッドナッツおよそ15個分。

ぬるま湯（40℃）…60*ml*
活性ドライイースト…小2袋（14*g*）
バター…60*g*
砂糖…100*g*
塩…小さじ1～2
インスタントのマッシュポテト（乾燥）…100*g*
牛乳（沸騰寸前まで加熱したもの）…500*ml*
室温にもどした溶き卵…大（60*g*）2個分

中力粉…600g
揚げ油

［グレーズ)］
粉砂糖…250g
メープルシロップ…60ml
ダブルクリーム［乳脂肪分の多い生クリーム］…60ml

1. イーストをぬるま湯でふやかす。
2. そのあいだに，砂糖，バター，塩，インスタントのマッシュポテトをボウルか，できればパドルアタッチメントをとりつけたスタンドミキサーのボウルに入れる。そこに熱い牛乳を注いで低速で混ぜ，バターが溶けてマッシュポテトと混じりあうようにする。
3. 2を人肌程度に冷ます。冷めたら，溶き卵と1のイーストを加え，なめらかになるまで混ぜる。小麦粉を一度に1カップずつ加え，生地がボウルに粘りつかなくなるまで混ぜる。
4. 打ち粉をした作業台に生地をのせ，やさしくこね，つるんとなめらかになったらボール状にまとめる。くれぐれもこねすぎないように注意する。
5. まとめた生地を適当な大きさのボウルに入れ，おおいをかけて暖かい場所に放置し，大きさが少なくとも2倍になるまで，最低1時間，醗酵させる（もしくはラップをかけ，冷蔵庫に一晩入れる)。
6. 生地を軽く打ち粉をした作業台に移し，軽くこねる（強く押しのばし，のばした生地をまとめ，再び押しのばす。これを2～3回くりかえす)。やさしく手でたたくか，粉をまぶしためん棒で厚さ約12ミリにのばし，ドーナツ型で型抜きする。
7. 天板にクッキングシートをしき，油を薄く吹きつける。型抜きした生地を天板に並べ，大きさが2倍になるまで暖かい場所におく。
8. 油を175℃に加熱する。途中で一度裏返し，両面がきつね色になるまで揚げる。揚がったらペーパータオルで油を切り，金網台の上で冷ます。
9. グレーズの材料をなめらかになるまで混ぜる。ゆるいほうが好みなら，さらにメープルシロップを足す。スパッドナッツをグレーズにさっと浸して出す。

………………………………

◉メドゥヴァダ（Medu Vada）

南インドの人気の食べものである，このスパイシーな甘くないドーナツは，軽食や食事の付け合わせとして食べられている。分量はヴァダおよそ10個分。

洗ったウラド豆…220g
みじん切りにしたタマネギ…小1個分
みじん切りにした青トウガラシ…1～2本分
粉末ショウガ…小さじ1
塩…小さじ1

粗びき黒コショウ…お好みで
米粉…大さじ1
重炭酸ソーダ…小さじ¼
揚げ油
盛りつけ用の，ココナツチャツネ［果物・酢・砂糖・香辛料でつくるジャム状の甘ずっぱいインドの調味料］，またはサンバルソース［インドネシアの辛味調味料］

1. ウラド豆を冷水約750*ml*に少なくとも4時間，できればひと晩つける。
2. 1の水を切り，すりつぶしてなめらかなペースト状にする。固ければ，水大さじ1～2を加え，固さを調整する。
3. 2をスプーンで空気をふくませるようにふんわりと混ぜ，生地の質感をよくする。生地はなめらかでやわらかくなければならないが，あまり水っぽくならないようにする。
4. きざんだタマネギと青トウガラシ，ショウガ，塩，米粉を加え，なめらかになるまで混ぜる。重炭酸ソーダを加え，さらになめらかになるまで混ぜる。
5. 油を少なくとも7センチの深さまで入れ，175℃に加熱する。
6. 両手をぬるま湯に浸してから，ヴァダを成形する。生地をゴルフボール大にちぎり，中央にそっと穴をあけ，熱した油の中に入れる。途中で裏返し，両面がこんがりきつね色になるまで揚げる。
7. 揚がったら，ペーパータオルで油を切る。温かいうちに，ココナツチャツネやサンバルソースを入れた小さなボウルを添えて出す。

◉ピカロネス

ペルーのアーティストでレストラン店主，ウゴ・オレソリの厚意により転載。

このペルーのデザートは，植民地時代のスペインのブニュエロに由来する。小麦粉を使用するオリジナルのピカロネスは高価だったので，現地の農民は小麦粉の代わりに地元産のペポカボチャやカボチャを一部混ぜたが，そのレシピがやがて今日人気の菓子になった。分量はピカロネスおよそ18個分。

カボチャ（またはペポカボチャ）…270*g*
サツマイモ…200*g*
水…750*ml*
アニシード…大さじ1
シナモンスティック…1本
活性ドライイースト…1袋（7*g*）
中力粉…350*g*
砂糖…小さじ2
塩…小さじ¼

［チャンカカシロップ］
チャンカカ*…250*g*
砂糖…80*g*
クローブ…2個
シナモンスティック…½本

オレンジピール…1片
水…500ml
* チャンカカは地元産の未精製サトウキビ砂糖のこと。手に入らなければ，パネラ［サトウキビからつくるコロンビア伝統の赤砂糖］やマスコバド糖［フィリピンの伝統的な製法の黒砂糖］，または糖蜜で代用できる。

1. カボチャとサツマイモの皮をむき，適当な大きさに切りきざむ。中くらいの鍋に水と香辛料を入れ，沸騰させる。そこにカボチャとサツマイモを加え，やわらかくなるまで煮る。煮えたら，シナモンスティックをとり除く。
2. 煮汁を60mlとって人肌に冷まし，砂糖とイーストを加え10分ほどおく。
3. そのあいだに，パドルアタッチメントをとりつけたスタンドミキサーのボウルに，煮た野菜と煮汁100mlを入れる。なめらかになるまで混ぜたら，人肌に冷まし，塩，2のイースト液を加え，再びなめらかになるまで混ぜる。
4. 3に小麦粉を少しずつ加え，生地がべたつかなくなり，やわらかくなめらかになって弾力が出てくるまで練る。必要に応じて，小麦粉をさらに加える。
5. 生地におおいをかけ，暖かい場所に少なくとも1時間，または大きさが2倍になるまで放置する。
6. チャンカカシロップをつくる。小さめの鍋に材料をすべて入れ，煮立たせる。蜂蜜くらいの固さになるまで煮詰め，濾してから冷ます。
7. 大きめの厚底鍋または電気式のディープフライヤー（揚げ鍋）に油を入れ，175℃に加熱する。
8. ボウルにぬるま湯を入れ，手を浸してから生地を一部とり，すばやくリング状に成形し，油の中に入れる。両面がきつね色になるまで揚げ，ペーパータオルで油を切る。ピカロネスは，シロップをたっぷりかけて揚げたての熱々を食べるのがいちばんおいしい。

・・・・・・・・・・・・・・・・・・・・・・・・・・・・・・・・・・

◉ポンチキ（Ponchiki）

ダラ・ゴールドスタインの厚意により『ロシアの味覚――ロシアのおもてなし料理の本 *A Taste of Russia: A Cookbook of Russian Hospitality*』（2012年）から転載。

ロシアのドーナツは昔から油とラードで揚げ，油を吸収しすぎないようにウォトカを大さじ2〜3杯加える。このレシピでは植物油を使っている。

活性ドライイースト…小1袋（7g）
牛乳…½カップ（120ml）と大さじ3
砂糖…大さじ3
卵黄…2個分
室温にもどしたバター…大さじ3
塩…小さじ¼
ダークラム［濃い褐色で風味の強いラム酒］…大さじ1

シナモン…小さじ¼
バニラビーンズ［バニラの種子さや］（さやを縦に割き，種子をこそげとって使う）…さや5センチ分
小麦粉…2カップ（250g）
揚げ油用の植物油
デコレーション用の粉砂糖

1. 牛乳大さじ3を人肌に温め，イーストを溶かす。
2. 1のイースト液に，残りの牛乳，砂糖，卵黄，バターを加える。さらに塩，ラム酒，シナモン，バニラの種子，小麦粉を入れてよく混ぜる。すると，とてもやわらかい，べたべたした生地になる。
3. ボウルにおおいをかけ，暖かい場所に大きさが2倍になるまで，もしくは1時間半〜2時間おく。
4. 両手にたっぷり小麦粉をつけ，打ち粉をした作業台の上に生地をあける。生地はとてもべたべたしているので，のばすには表面に小麦粉をふらなければならない。ただし，必要以上に小麦粉をつけすぎると，ドーナツがふんわりした食感にならないので注意する。
5. 小麦粉をまぶしためん棒で生地を12ミリの厚さにのばし，ドーナツ型で丸く型抜きする。それにおおいをかけ，さらに20〜25分，もしくは大きさが2倍になるまで醱酵させる。
6. 揚げ鍋に油を入れ，185℃に加熱する。醱酵させた生地を油の中に，一度に多くて2〜3個投入する。途中，一度だけ裏返し，きつね色になるまで揚げる。揚げ時間はおよそ5分。
7. 揚がったらドーナツを油からとり出し，ペーパータオルの上において油を切る。粉砂糖をふりかけて温かいうちに食べる。

◉サリンジャーのアップルサイダードーナツ

ハドソン渓谷［バレー］の果樹園の多くでは，地元名物のアップルサイダードーナツを販売している。これはモーリーン・サリンジャーの家族が運営する果樹園のレシピである。分量はおよそ24個分。

中力粉…3½〜4½カップ（440〜560g）
全粒粉…½カップ（65g）
ベーキングパウダー…大さじ1
ベーキングソーダ…小さじ½
塩…小さじ½
おろしたてのナツメグ…小さじ¾
粉末シナモン…小さじ1
卵…大（60g）2個
きび砂糖…½カップ（110g）
白砂糖…½カップ（110g）
溶かしたショートニング…大さじ6
アップルサイダー（スイート）…1カップ（240ml）
揚げ油用の植物油
デコレーション用のシナモンシュガー…お好みで

1. 大きめのボウルに，小麦粉3½カップ（440*g*），全粒粉，ベーキングパウダー，ベーキングソーダ，塩，ナツメグ，シナモンを入れ，混ぜあわせる。
2. スタンドミキサーのボウルに卵と砂糖を入れ，混ぜる。そこに溶かしたショートニングとサイダーをゆっくり加える。さらに1を加え，低速でかき混ぜる。できあがった生地は1時間冷やす。
3. 生地がまだやわらかすぎてべたべたしていれば，最大1カップ（120*g*）まで小麦粉を加えてやわらかい生地にする。軽くたたいて12ミリの厚さにのばす。ドーナツ型，もしくはサイズちがいの円形の型をふたつ使って型抜きする。型抜きした生地を10分乾燥させる。
4. 大きめのスキレット［長い柄のついた深めの鍋］または厚底鍋に，油を少なくとも5センチの深さまで入れ，190℃に加熱する。油を塗ったゴムべらを使って，生地を熱した油にそっと入れる。途中で一度裏返し，両面をそれぞれ2～3分揚げる。
5. 揚がったらとり出し，重ねたペーパータオルの上におく。粗熱をとったら，シナモンシュガーをまぶすか，またはそのまま食べる。

....

◉定番のケーキドーナツ

ケンタッキー州ルイヴィル，ジョー・ペストリーの厚意により転載。ジョーは，ナツメグは基本的なケーキドーナツに絶対に欠かせないと考えている。昔のレシピにはメースと書かれていることがよくあるが，これはもちろん同じ植物からできたものだ。

ふるいにかけた中力粉…225*g*
ベーキングパウダー…小さじ2
塩…小さじ¼
ナツメグ…小さじ¾
砂糖…100*g*
やわらかくしたバター…30*g*
卵…大1個（60*g*）
サワークリーム…30*g*
バニラエクストラクト…小さじ1¼
牛乳…125*ml*
揚げ油用の菜種油

1. 最初に，すべての材料を室温にもどしておく（これはとても重要）。適当なフライパンまたは鋳鉄鍋に，油を5センチの深さまで入れておく。
2. 砂糖をふくめ，粉の材料をすべて，パドルアタッチメントをとりつけたスタンドミキサーのボウルに入れ，低速で混ぜあわせる。
3. 別のボウルで，卵，サワークリーム，牛乳，バニラエクストラクトをかき混ぜる。
4. ミキサーを低速で回しながら，粉の材料にバターを混ぜこむ。
5. バターが完全に混ざりあったら，

水分をふくむ材料をゆっくりミキサーのボウルに加え，中速で混ぜる。

6. ミキサーを30秒ほど回したら，ボウルの内側についた生地をゴムべらですべてこそげる。さらに30秒混ぜると，生地がなめらかでもったりした，スプーンですくえるくらいの固さになる。
7. 生地を10分ほど休ませ，そのあいだに油を175℃に加熱する。
8. このドーナツには次のふた通りの揚げ方がある。
   ①生地をスプーンですくって油にそっと入れ，片面をそれぞれ約45秒揚げる。揚がったら油からとり出し，砂糖をまぶすか，あとで紹介するようなグレーズに浸す。
   ②このレシピの生地はべたつくので，定番のリングドーナツをつくるには，中古の業務用ドーナツ製造機でももっていない限り，入手しやすい安価な家庭用ドーナツメーカー（しぼり出すタイプ）を使う。一度に2～3個油に落とし，45秒ほど揚げたら裏返し，さらに片面も45秒揚げる。揚がったら油を切る。

[シンプルなバニラグレーズ]

粉砂糖…240g
水，または牛乳…大さじ2と小さじ2
バニラエクストラクト…2～3滴

1. すべての材料をなめらかになるまでかき混ぜる。
2. やや温かいドーナツを1のグレーズに浸したらすぐにひっくり返し，金網台にのせる。金網台の下には，たれて落ちたグレーズを受けとめるためのクッキングシートをしく。
3. グレーズがドーナツの側面にたれるようにし，そのまま固める。

[レモンラベンダーアイシング]

ラベンダー抽出液*…大さじ2と小さじ1
粉砂糖…240g
レモンエクストラクト…小さじ¼
黄色の食品着色料…約4滴
デコレーション用のカールさせたレモンの皮の細切り…2～3片（お好みで）

* ラベンダー抽出液のつくり方。ラベンダーの花大さじ2に，熱湯1½カップ（340ml）を注ぐ。20分浸して成分を抽出したら，濾す。黒ずんだ色をしているが，アイシングやグレーズに影響をきたすことはない。

1. レモンの皮を除くすべての材料をなめらかになるまで混ぜあわせる。
2. 1にドーナツを浸し，アイシングがドーナツの側面にたれるようにする。レモンの皮をトッピングし，そのままおいてアイシングを固める。

………………………………

●完全菜食主義者向けケーキドーナツ

サスカッチブックスの許可を得て『ドーナツ——家庭でつくるシンプルでおいしいレシピ *Doughnuts: Simple and Delicious Recipes to Make at Home*』より抜粋。

完全菜食主義者向けケーキドーナツのほとんどは揚げずに焼いたもので，たいていヘルシーにつくられているが，揚げないのには，卵を使わないため生地がまとまらないという事情もある。グアーガムを少し加えると生地が固まり，完全なリング形をつくることができる。分量は定番のドーナツ6～10個分。

中力粉…1¼カップ（160g）
ベーキングパウダー…小さじ1
グアーガム…小さじ¼
上白糖…⅓カップ（75g）
おろしたてのナツメグ…小さじ1
塩…小さじ½
植物性ショートニング…大さじ2（30g）
無糖アーモンドミルク［アーモンドの粉末からつくる飲料］，または豆乳…½カップ（120ml）
無糖大豆ヨーグルト…大さじ2
酢…小さじ½
バニラエクストラクト…小さじ½
揚げ油用の植物油

1. パドルアタッチメントをとりつけたスタンドミキサーのボウルに，小麦粉，ベーキングパウダー，グアーガム，砂糖，ナツメグ，塩を入れ，ミキサーを低速で回して混ぜあわせる。さらにショートニングを加え，ミキサーを中速にして，全体が粗い砂のようになるまで混ぜる。
2. 別のボウルに，アーモンドミルク¼カップ（60ml），大豆ヨーグルト，酢，バニラエクストラクトを入れて混ぜる。
3. ミキサーを回しながら，2を1の中にゆっくり注ぎ入れる。ボウルの内側についた生地をこそげ，20秒混ぜる。
4. 残りのアーモンドミルクを，生地がボウルの内側に粘りつくようになるまで少しずつ加える。生地は，ゆるいクッキー生地のような，なめらかでもったりした，スプーンですくえるくらいの固さにする。アーモンドミルクはすべて使わなくてもよい。
5. 生地にラップをかけ，15～20分休ませる。
6. 厚底鍋に油を少なくとも5センチの深さまで入れ，揚げもの用温度計が180℃を示すまで加熱する。
7. 定番のリングドーナツをつくるなら，直径18ミリの丸い口金をつけた絞り出し袋に生地を入れる。クッキングシート（10×10センチ）に油を塗り，その上に生地を直径7.5センチのリング状にしぼり出す。
8. クッキングシートを上にしてシートごとそっと油に入れる。シートはトングでとり出す。鍋に入れすぎないように注意しながら，さらに2～3個ずつ同様に揚げていく。片面1

〜2分ずつ，もしくは軽くきつね色になるまで揚げる。
9. ドロップドーナツ［生地をドロップして（落として）揚げるドーナツ］をつくるなら，テーブルスプーンですくってじかに油の中に落とし，片面をそれぞれ45秒ほど揚げるか，軽くきつね色になるまで揚げる。
10. 揚がったら穴あきスプーンでとり出し，ペーパータオルで油を切る。残りの生地も同様に揚げる。粗熱がとれたら，グレーズをかけて食べる。

………………………………

◉ゼッポレ・ディ・パターテ（Zeppole di Patata）のカラメルソースとバニラジェラート添え

シドニーにあるラ・ローザ・バー＆ピザレストランのニーノ・ゾッカリの厚意により転載。あるナポリのレシピから。ゼッポレおよそ10個分。

皮をむき，さいの目に切ったジャガイモ…300*g*
砂糖…150*g*
室温にもどした卵…大1個（60*g*）
エクストラバージンオリーブオイル…大さじ1と小さじ1
牛乳…60*ml*
強力粉…300*g*
海塩…小さじ½
ベーキングパウダー…小さじ1½
揚げ油用の植物油
上白糖…50*g*
シナモン…2*g*

［カラメルソース］
砂糖…100*g*
水…60*ml*
ダブルクリーム…250*ml*

1. ジャガイモを水に入れ，沸騰するまで強火にかける。やわらかくなるまで煮たら，湯を切り，すぐに完全につぶす。
2. 大きめのボウルか，スタンドミキサーのボウルに1のジャガイモと砂糖を入れ，しっかり混ぜる。卵を加え，ジャガイモがまだ温かいうちによく混ぜる。さらにオリーブオイルと牛乳を混ぜ入れる。
3. 小麦粉，塩，ベーキングパウダーを混ぜ，2に加える。しぼり出したときに形を保てるくらいの固さになるまで，必要に応じて小麦粉をもう少し加えてもよい。
4. ノンスティック加工のクッキングシートを8センチ角の大きさに切り，植物油を軽く吹きつける。星型の口金をつけた絞り出し袋に生地を入れ，紙の上にひとつずつ，中央に大きく穴があくようにリング状にしぼり出す。
5. シナモンと砂糖を混ぜあわせる。
6. 揚げ鍋または適当な鍋に油を少なくとも6〜8センチの深さまで入れ，170℃に加熱する。リング状にしぼり出した生地を，クッキングシートを上にしてシートごと2〜3個そっと

油に入れる。シートは揚げている途中，簡単にはがれる。きつね色になるまで，両面を合わせて3～4分揚げる。
7. 揚がったら，ペーパータオルで油を切る。少し冷ましてから，シナモンシュガーをまぶす。
8. カラメルソースをつくる。最初にクリームを加熱する。
9. 別の底が平らな鍋に，砂糖を均一に広げ，水を加える。中火にかけ，おいしそうなカラメル色になるまで煮詰めたら，そこに8の温めたクリームをゆっくり加える。しっかり混ぜあわせ，汁気が少し減るまで弱火で煮詰める。
10. 盛り皿にそれぞれソースをしく。その上にゼッポレをおき，リングの中央にバニラジェラートをひとすくいのせる。

◉ドーナツプディング

食べ残しや古くなったケーキドーナツを使い切るのに最適な方法で，子供のサッカーチームに練習のあと食べさせるのにぴったりのおやつ。

古いが硬くなっていないシナモンシュガーケーキドーナツ…400*g*（約10個）
ヌテラ［イタリアのフェレロ社のヘーゼルナッツ入りチョコレートスプレッド］，または同様のチョコレートスプレッド
コンデンスミルク（加糖練乳）…400*g*
牛乳…375*ml*
卵…大（60*g*）3個

1. 容量2リットルのオーブン皿に油を塗る。ドーナツを横半分にスライスし，片面にヌテラをたっぷり塗り，再び重ね，少なくとも6～8等分に切る。それをオーブン皿に並べる。
2. 卵，牛乳，コンデンスミルクを完全に混ぜあわせる。それをドーナツの上に注ぎ，卵液がしっかりしみこむようにときどきドーナツを押しながら，30分ほどおく。
3. オーブンを185℃に予熱する。表面に焼き色がつき，ふくらんでくるまで，50分ほど焼く。
4. 温かいうちに，クリームやアイスクリームを添えたり，好みの温めたソースをかけたり，トッピングをのせたりして出す。

注

第1章　ドーナツとは何か

(1)　Alan Davidson, *The Oxford Companion to Food*, 2nd edn, ed. Tom Jaine (Oxford, 2006), p. 255.

(2)　*New York Herald*, 1 April 1888, p. 9.

第2章　古い時代のドーナツ

(1)　This wording is as found in the Authorized Version of the King James Bible, Pure Cambridge Edition. The original King James Bible of 1611 says 'and cakes mingled with oyle of fine flowre fried'. Some other translations use only 'mingled' or 'mixed'.

(2)　Ernestine F. Leon, 'Cato's Cakes', *Classical Journal*, XXXVIII (1943), p. 219.

(3)　Paul Freedman, ed., *Food: The History of Taste* (Berkeley, CA, 2007), p. 112.［ポール・フリードマン編『世界 食事の歴史——先史から現代まで』，南直人，山辺規子訳，東洋書林，2009年刊］

(4)　In several publications *k'ak* are described as an Arab doughnut. However, Charles Perry believes it was actually a ring-shaped bread baked quite hard, possibly twice, like biscotti, firm enough to be strung on a strap. Charles Perry, personal communication.

(5)　Jozef Schildermans and Hilde Sels, 'A Dutch Translation of Bartolomeo Scappi's Opera', *Petits Propos Culinaires*, 74 (December 2003), pp. 59-70.

第3章　アメリカのドーナツ

(1)　Gerald F. Patout, 'Bibliography of Sources Relating to Culinary History', *The Historic New Orleans Collection*; online at www.hnoc.org (accessed December 2014).

(2)　'Sketches & Views', *Boston Times*, I/8 (30 January 1808), p. 29.

(3)　Letter by Grant Thorburn, quoted in Thomas F. De Voe, *The Market Book Containing a Historical Account of the Public Markets*, vol. I (New York, 1862), p. 335.

(4)　Washington Irving, 'The Legend of Sleepy Hollow', in *The Sketchbook of Geoffrey*

Crayon, Gent., vol. II, 5th edn (London, 1821), p. 316.［ワシントン・アーヴィング『スリーピー・ホローの伝説――故ディートリッヒ・ニッカボッカー氏の遺稿より』(『スケッチ・ブック　下』，齊藤昇訳，岩波書店，2015年刊に収録)］

(5) Alice M. Earle, *Colonial Days in Old New York* (New York, 1896), p. 140.

(6) Ibid.

(7) Catherine Beecher contributed this recollection to her father's Autobiography: *Autobiography, Correspondence Lyman Beecher DD*, ed. Charles Beecher (New York, 1865), p. 238.

(8) Henry David Thoreau, *Cape Cod* (Boston, MA, 1866), p. 90.［ヘンリー・デイヴィッド・ソロー『コッド岬――海辺の生活』，飯田実訳，工作舎，1993年刊］

(9) Mark Kurlansky, The Food of a Younger Land (New York, 2009), p. 34.

(10) Earle, Colonial Days in Old New York, p. 140.

第４章　帝国主義としてのドーナツ

(1) Jacqueline Maley, 'Souvenirs, Security and Saccharine for Obama', *Sydney Morning Herald*, 16 November 2011; online at www.smh.com.au.

(2) Steve Penfold, '"Eddie Shack Was No Tim Horton": Donuts and the Folklore of Mass Culture in Canada', in *Food Nations: Selling Taste in Consumer Societies*, ed. W. Belasco and P. Scranton (New York, 2002), pp. 48-66.

(3) Ibid., p. 50.

(4) Steve Penfold, 'The Social Life of Donuts, Commodity and Community in Postwar Canada', PhD dissertation, submitted to the Faculty of Graduate Studies (York University, 2002), p. 52, cited in Paul R. Mullins, *Glazed America: A History of the Doughnut* (Gainsville, FL, 2008), p. 84.

(5) Karen Bartlett, 'Rise and Fall of a Doughnut', *New Statesman*, 13 December 2004; online at www.newstatesman.com.

(6) Alaric Gomes, 'Doughnuts Upstage Swiss Ace Federer', *Gulf News*, 3 May 2009; online at www.gulfnews.com.

(7) 'U.S. Doughnut Chains Target Britons in Battle of the Bulge', *Scotland on Sunday*, 19 October 2003; online at www.scotsman.com.

第5章　文化としてのドーナツ

(1) Paul R. Mullins, *Glazed America: A History of the Doughnut* (Gainesville, FL, 2008), p. 17.

(2) Jan Thompson, 'Prisoners of the Rising Sun: Food Memories of American POWs in the Far East during World War II', in *Food and the Memory: Proceedings of the Oxford Symposium on Food and Cookery* 2000 (Totnes, Devon, 2001), p. 275.

(3) Alfred Lansing, *Endurance* (New York, 2007), p. 201.［アルフレッド・レンシング『エンデュアランス――史上最強のリーダー　シャクルトンとその仲間はいかにして生還したか』，山本光伸訳，パンローリング株式会社，2014年刊］

(4) Emily Eveleth, quoted in Sally Levitt Steinberg, *The Donut Book: The Whole Story in Words, Pictures and Outrageous Tales* (North Adams, MA, 2004), p. 99.

(5) Mark Klebeck, personal communication, 20 February 2014.

(6) Tom Culleeney, www.goglazed.com, accessed 3 February 2014.

(7) Mark Isreal, personal communication, 4 April 2014.

ヘザー・デランシー・ハンウィック（Heather Delancey Hunwick）
フードコンサルタント。栄養学，専門的調理，ビジネス，食物史にかんする公式な資格をもつ。そのどれもが，食物のあらゆる面に対するハンウィックの熱心な取り組みを反映している。カナダ出身，現在はシドニー在住。

伊藤綺（いとう・あや）
翻訳家。訳書に，キャサリン・M・ロジャーズ『豚肉の歴史』，ジョエル・レヴィ『図説 世界史を変えた50の武器』，ジェレミー・スタンルーム『図説 世界を変えた50の心理学』，クライヴ・ポンティング『世界を変えた火薬の歴史』，チャールズ・ペレグリーノ『タイタニック：百年目の真実』，トマス・クローウェル『図説 蛮族の歴史：世界史を変えた侵略者たち』（以上，原書房）などがある。

Doughnut: A Global History by Heather Delancey Hunwick
was first published by Reaktion Books in the Edible Series, London, UK, 2015

Japanese translation rights arranged with Reaktion Books Ltd., London
through Tuttle-Mori Agency, Inc., Tokyo

お菓子《かし》の図書館《としよかん》

ドーナツの歴史《れきし》物語《ものがたり》

●

2015 年 *10* 月 *27* 日　第 *1* 刷

著者……………ヘザー・デランシー・ハンウィック

訳者……………伊藤綺《いとうあや》

装幀……………佐々木正見

発行者……………成瀬雅人

発行所……………株式会社原書房

〒 160-0022 東京都新宿区新宿 1-25-13

電話・代表 03(3354)0685

振替・00150-6-151594

http://www.harashobo.co.jp

印刷……………新灯印刷株式会社

製本……………東京美術紙工協業組合

ISBN 978-4-562-05252-3, Printed in Japan